AF287572

Hans Geske

Briefe an niemanden

Hans Geske – Briefe an niemanden

© Hans Geske 2013

Umschlaggestaltung vom Autor

Herstellung und Verlag: BoD – Books on Demand, Norderstedt
ISBN: 9783848204779

**Bibliografische Information der Deutschen
Nationalbibliothek**
Die Deutsche Nationalbibliothek verzeichnet diese Publikation
in der Deutschen Nationalbibliografie; detaillierte
bibliografische Daten sind im Internet
über www.dnb.de abrufbar.

Visionen

Die Beobachter im Weltraum sehn mit Sorge durch
die Zeit
Sehn in wenigen Jahrzehnten
Die in Sicherheit sich wähnten
Sich bekämpfen, Mann für Mann
Die noch sanft zurück sich lehnten
Liegen dann in schlimmem Streit
Jeder tötet was er kann

Große Schlachten und Verluste sind uns nicht mehr
allzufern
Und bald zücken diese Laffen
Auch die schlimmste aller Waffen
Und wir fragen uns: Was dann?
Stehen wir herum und gaffen?
Beten wir zu Gott dem Herrn?
Nehmen wir das Schicksal an?

Schließlich liegt die Welt verdorben, grau und
trostlos, lebensleer
Trümmer nur, wohin wir schauen
Und das namenlose Grauen
Ist vorbei, denn niemand hier
Hebt auch nur verblüfft die Brauen
Hier gibt es kein Wesen mehr
Weder Mensch gibt es noch Tier

Traurig wenden sich die Fremden von der
furchtbaren Vision
Ihrer Heimat zu, der holden
Mancher Mensch wird ihnen folgen
In den schwarzen Weltenraum
Man wird ihn sehr hoch besolden
Teils mit Geld, das wisst ihr schon
Aber teils mit einem Traum

Drunten auf der dunklen Erde liegt ein Kind in tiefer
Ruh
Weiß nichts von der weiten Ferne
Folgt noch nicht dem Ruf der Sterne
Weiß nicht, was die Zukunft bringt
Unter einsamer Laterne
Macht es seine Augen zu
Während Mutter leise singt

Hallo, wer immer ihr auch seid,

ich weiß nicht, ob diese Nachricht irgendjemanden erreicht. Ich schreibe für die winzige Chance, dass jemand dies findet und es entschlüsseln kann. Ich wüsste nicht, wie ich diesen Text einer anderen Lebensform verständlich machen sollte, schließlich bin ich nicht vom Fach. Dass irgendwelche Menschen dies zu lesen bekommen, ist mehr als unwahrscheinlich. Die letzten, die meines Wissens noch am Leben sein könnten, sind wahrscheinlich gerade auf dem Rückflug von der Jupiter-Expedition. Wenn sie wieder auf der Erde landen, werden sie einen unbewohnbaren Planeten vorfinden. Sie werden nicht lange überleben. Ich werde zu diesem Zeitpunkt jedoch längst tot sein.

Dieses Dokument ist als Warnung gedacht: Wenn es jemand findet und zu lesen vermag, dann soll er aus unseren Fehlern lernen. Wir haben es versucht, aber in einer Atmosphäre stetigen Misstrauens ist es gar nicht so einfach, etwas gemeinsam zu vollbringen, erst recht nicht, wenn man sich ein so hohes Ziel gesteckt hat wie, die eigene Art vor der Auslöschung zu bewahren. Ein Mensch mag ein Held sein, der die Welt retten kann, alle zusammen sind einfach nur gefährlich. Gefährlich für sich selbst und für alle, die

3

in ihre Nähe kommen.

Das mit dem Helden ist natürlich Quatsch. Man *braucht* alle Menschen, um die Menschheit zu retten. Nur gab es noch nie ein Gemeinschaftswerk ohne Leute, die sich nicht beteiligt haben. Noch nie hat sich auch nur ein Volk zusammengefunden und wirklich das gleiche gewollt, geschweige denn getan. Wie also sollte es die Bevölkerung eines ganzen Planeten schaffen? Schachmatt. Touché. Die Menschheit hat sich selbst in der ersten Runde ausgeknockt. Lächerlich. Und sowas nennt sich intelligent?

Ich muss wohl zunächst mal meine Situation erklären. Ich befinde mich in den Überresten des Forschungszentrums auf der Mondrückseite. Wunderbarer Blick auf die Sterne, leider keinerlei Verkehrsanbindung, zumindest nicht mehr, seit die letzte Raumstation hochgegangen ist. Auch davon wurde ich nur per Satellit informiert, bevor die Verbindung zu unserer Basis auf der Erde abbrach. Seitdem bleiben mir nur noch die Bilder des Satelliten, der unglaublicherweise verschont geblieben ist. Verdammt großes Kino, das muss ich ihnen lassen. Nur fehlt hier die beruhigende Gewissheit, einer Inszenierung beizuwohnen. Alles ist echt, es gibt keinen Abstand mehr, selbst der

Mond ist nicht weit genug weg. Ich bin vorerst noch ausreichend mit Nahrung und Sauerstoff ausgestattet. Vorerst, das heißt, dass es im Normalfall für eine Rettungsmannschaft von der Erde reichen würde. Doch von der Erde kommt nichts mehr.

Bestandsaufnahme. Was ist noch da? Was wurde zerstört?

Nun ja, einer der Fitnessräume für die Langzeitbesatzung ist noch intakt. Die Vorratskammer ist unbeschadet und auch Teile der Wohneinheiten halten dicht. Die Sauerstofftanks sind zerstört, aber die unterirdischen (oder sollte ich schreiben unterlunaren?) Reservetanks wurden automatisch zugeschaltet. Keine akute Gefahr also. Alles läuft darauf hinaus, dass ich früher oder später verhungere. Oder verdurste. Ich kann noch nicht sagen, was früher ausgeht: Wasser oder Nahrung. Zwar gab es Anlagen, um das Abwasser in seine Bestandteile aufzuspalten, neu zusammenzusetzen und so wiederverwertbar zu machen, aber die entsprechenden Geräte müssen bei dem Angriff etwas abbekommen haben. Ich bin also vollkommen auf die hiesigen Wassertanks angewiesen.

Doch weiter mit der Inventur. Schreibgeräte sind

genügend verfügbar. Irgendein nostalgischer Spinner hat eine ganze Schublade voller Kugelschreiber mit hierher gebracht. Wer es war, kann ich jetzt nicht mehr sagen. Sein Quartier ist halb zerstört. Ich habe mich gestern mit einem Schutzanzug bekleidet hineingewagt. Viel ist nicht übrig, aber die Stifte und etwas altertümliches Schreibpapier habe ich gefunden. Ich selbst habe immer digitale Speicherung den analogen Möglichkeiten vorgezogen, aber ich will eventuellen Findern

meiner Aufzeichnungen keine zusätzlichen Probleme schaffen, indem ich sie zusätzlich mit der Dechiffrierung unserer Speicherformate konfrontiere. Meine Sprache und Schrift zu entschlüsseln dürfte schwer genug sein.

Nun führe ich also eine Art Tagebuch. Warum? Ganz genau kann ich diese Frage nicht beantworten. Ich glaube, ich muss einfach irgendetwas tun. Ich könnte genausogut in den letzten intakten Fitnessraum gehen und ein bisschen Sport treiben. Ich könnte weiterhin die Ruinen der Forschungsstation erforschen. Ich könnte auch einfach Schluss machen. Eine Rettung ist unwahrscheinlich, nein, unmöglich. Was erwarte ich von meinem restlichen Leben?

Zwei von diesen Dingen tue ich tatsächlich ab und zu, aber sie erfüllen mich nicht. Das dritte wird sich bald von selbst erledigen. Macht mich das traurig? Bedingt. Ich hätte gerne noch etwas länger gelebt, das Leben ist schön. Wahrscheinlich ist das auch der Grund, warum ich mich nun so an meine letzten Tage oder Wochen klammere. Ich möchte so viel von meinem Leben gehabt haben wie irgend möglich, wenn schließlich meine Zeit gekommen ist. Allerdings ist das Leben, welches ich gerne verlängern würde, für mich nicht mehr erreichbar. Mein Leben, wie es vor dem großen Krieg war, ist nicht mehr verfügbar. Ich weiß nichts von meiner Familie oder meinen Freunden, aber wenn ich die Satellitenbilder von der Erde empfange, wird mir klar, dass dort unten kein Leben mehr ist.

Wie könnte ein Leben sein, in dem keine anderen Menschen mehr vorkommen? Mit diesen Gedanken im Hinterkopf bin ich schon fast froh, so ein Leben nicht mehr lange ertragen zu müssen. Nur – es mir selbst zu nehmen, das geht über meine Kraft. Ich versuche einfach, mich und die Welt besser zu verstehen. Wenn es ein Jenseits gibt, ist es nicht gut, vorbereitet dorthin zu gehen? Ich habe mir nie besonders viel Gedanken über ein Fortbestehen nach dem Tod gemacht, aber in meiner Situation gehört ein bisschen Glaube an ein Weiterleben einfach dazu, oder?

7

Zurück zur Frage: Warum schreibe ich? Ich habe in letzter Zeit reichlich Gelegenheit zum Nachdenken, und natürlich bin ich dabei auch auf diese Frage gestoßen. Meine Vermutung ist folgende: Ich schreibe auf, was ich denke, um nachzudenken. Das hört sich eigenartig an, was? Aber es stimmt! Mit Hilfe der Niederschrift meiner Gedanken kann ich diese viel besser ordnen. Es ist sozusagen mein bescheidener Ersatz für ein ernsthaftes Gespräch. Nicht, dass ich früher oft ernsthafte Gespräche mit Sinnfragen und allem Drum und Dran geführt hätte. Ich war immer mehr der Macher. Der Grund für meine Nachdenklichkeit ist vermutlich vielmehr, dass ein Blatt Papier nicht lacht, wenn man ihm einen Witz erzählt. Versteht ihr? Ernsthafte Gedanken können auch mit nachdenklichem Schweigen beantwortet werden. Ein alltägliches Gespräch hingegen setzt einen Gesprächspartner voraus, der auch reagiert. Außerdem – wenn man ganz allein ist, dabei auch noch auf dem Mond, sozusagen die Hochpotenz von Alleinsein, wird es immer schwerer, dieser melancholischen Stimmung zu widerstehen, die sich automatisch ausbreitet. Die Fragen kommen ganz von selbst, aber es gibt nichts, das dich von ihnen ablenkt. Wenn man dann noch die Auslöschung einer ganzen Art vor Augen hat und wenn man daran denkt, feststellt, dass es zu allem Überfluss auch noch die eigene ist... Das macht einen entweder verzweifelt oder nachdenklich. Wenn ich also nicht kaputt gehen will an allem, was mir widerfahren ist, dann muss ich mich in meine Gedanken flüchten. Welcher andere Ort bleibt mir noch?

Manchmal stelle ich mir die Frage, wie die Menschheit hätte sein müssen, damit das nicht passiert wäre. Was für Menschen hätte es gebraucht, um die Selbstzerstörung einer ganzen Art aufzuhalten? Ich glaube nicht an Helden, das habe ich schon geschrieben. Helden sind dazu da, ihre eigene kleine Geschichte zu retten oder bei dem Versuch, eines anderen Problem zu lösen, umzukommen. Um die ganze Menschheit zu retten hätte es nicht eines Helden bedurft. Vielmehr hätten *alle* Menschen Helden sein müssen.
Sehen wir es uns mal so an. Was war der große Krieg? Was ist ein Krieg generell? In jedem Fall ein Konflikt. Ein Aufeinanderprallen verschiedener Vorstellungen, verschiedener, einander widersprechender Ziele. Was wäre die Alternative? Ein Kompromiss? Hätten die Menschen kompromissbereiter sein müssen? War das der große

Fehler?

Doch was braucht man für einen Kompromiss? Die Situation ist folgende: Zwei Parteien, jede hat ein Ziel vor Augen. Jede ist davon überzeugt, dass dieses Ziel erreicht werden muss, aus welchem Grund auch immer. Nun sieht aber jede dieser Parteien eine Gruppe von Leuten, die nicht begriffen haben, dass das Ziel erreicht werden muss, die jeweils andere Partei nämlich. Muss man sie überzeugen? Aber wenn sie nicht begreifen? Oder wollen sie nicht begreifen? Es ist doch so klar!

Was beide Parteien übersehen ist, dass die andere Partei nicht nur gegen, sondern auch für etwas steht. Auch die anderen haben ein Ziel. Ist der Fehler also, dass die Menschen sich gegenseitig zu schlecht verstanden haben?

Ich habe noch eine Idee. Bleiben wir noch einen Moment lang bei unseren beiden Parteien. Gestehen wir beiden den Weitblick zu, der nötig ist, um zu begreifen, dass die jeweils andere Seite anderer Ansicht ist und andere Ziele verfolgt. Nun ist aber jede Seite davon überzeugt, im Besitz der einzigen Wahrheit zu sein. Man glaubt den eigenen Überlegungen. Dabei haben die anderen auch überlegt und auch logische Schlüsse gezogen. Sie haben bloß das Wichtige übersehen, das Argument nicht verstanden, ach was, diese Idioten haben einfach nicht zugehört! Selber Schuld! Und selbst? Die Frage, die den empörten Verkündern einzig wahrhaftiger Gewissheiten nicht in den Sinn kommt. Es fehlt die Bereitschaft, die eigene Meinung zu hinterfragen. Die wenigsten besitzen genügend Achtung vor anderen und ausreichend Eigenkritik, um sich einzugestehen, dass Wissenserweiterung nur durch Austausch entsteht. Das kann der Austausch mit Hilfe der Medien sein, bei dem einer sein Wissen durch ein Buch, einen Film oder was auch immer weitergibt. Es kann aber auch, und hier ist der Wissenszuwachs am größten, der direkte Austausch zwischen zwei Menschen sein. Beide können aus diesem Austausch lernen, denn keiner hat vorher die Möglichkeit gehabt, das jeweilige Problem aus der Perspektive des anderen zu sehen. Dabei sehen keine zwei Menschen etwas genau gleich, woraus sich ergibt, dass man umso mehr lernt, mit je mehr Menschen man sich darüber unterhält. Vorausgesetzt natürlich, man ist offen für ihre Meinungen und räumt der Möglichkeit eigenen Irrtums Raum ein.

Etwas, was die wenigsten Menschen beherrschten. Letztendlich ging es doch fast nie um das Überleben eines Volkes oder sein Wohlergehen. Es ging nicht um Öl, Gold, Geld, Land oder was sonst noch so als

Auslöser der vielen Kriege herhalten musste, die im Laufe der Menschheitsgeschichte geführt wurden. Wen interessieren schon ein paar Quadratkilometer Land mehr oder weniger? Wenn man einen Staat lenkt, macht man sich da wahrscheinlich gar nicht so viele Gedanken drum. Letztendlich muss nur wieder irgendein Machthaber sein angekratztes Ego aufpolieren. Große Kriegsherren sind deshalb Kriegsherren, weil das für sie die einzige Möglichkeit ist, groß zu sein. Oder die einzige Möglichkeit zu sein schien. Jetzt kann keiner mehr sagen, ob es noch andere Möglichkeiten gegeben hätte.

Interessante Frage eigentlich. Haben diese Leute, die Kriege angezettelt haben, auch noch andere Talente? Ich gehe ja immer davon aus, dass jeder irgendwo ein Talent hat. Alles andere erscheint mir widersinnig. Möglicherweise ist das sogar der Unterschied vom Menschen zum Tier. Wer in der Tierwelt nicht in ganz bestimmten Dingen gut ist, bei einem Raubtier etwa die Jagd, stirbt bald und pflanzt sich nicht fort. Bei den Menschen gab es immer wieder Individuen, die in den geforderten Dingen nicht so gut waren, sich aber aus anderen Dingen eine neue Disziplin geschaffen haben. Oder unsere Entwicklung hat sie geschaffen. Was weiß ich. Jedenfalls gab es mit der Zeit unglaublich viele Möglichkeiten, worin man gut sein konnte. Jeder Mensch kann etwas, weil jedes Talent denkbar ist, wenn man es nur geschickt präsentiert. Kein Tier hätte überlebt, weil es die artspezifischen Geräusche produzieren kann, ohne das Maul dabei zu bewegen, aber unter den Menschen gibt es Bauchredner, die ihren Unterhalt damit verdienen. Das ist nur ein Beispiel von vielen. Jede Art von Künstler und jeder, der auf andere Art in der Unterhaltungsbranche beschäftigt ist, lebt von einer Beschäftigung, von der man eigentlich nicht leben kann. Weiter geht es mit Politikern, Wissenschaftlern und und und... Eine weitere Antwort auf die Frage, wozu der Mensch Kultur braucht: als Broterwerb. Um die Art zu erhalten, wurde also nicht nur das Nötige gemacht, als da wäre Nahrungssuche, Unterkunft und so weiter, sondern es wurde für jeden, der nichts zu tun hatte etwas neues „Nötiges" *geschaffen*. Sicherlich unwissenschaftlich, ich kenne mich da ja nicht aus, aber ich bin wohl der letzte Mensch, der sich darüber Gedanken machen kann, also kann mich keiner eines Besseren belehren. Schließlich funktionierte bis vor kurzem noch die gesamte Werbung so. Ein Produkt soll nicht gekauft werden, weil es den Leuten bisher gefehlt hätte, sondern weil es ihnen fehlen würde, wenn sie es in Zukunft nicht hätten. Und warum brauchen sie es in Zukunft? Weil sie es haben *könnten.* Grundlage der Konsumgesellschaft.

Hey, ich schreibe mal wieder. Das letzte Mal ist ja nun schon ein paar Tage her.

Heute früh habe ich einen kleinen Spaziergang draußen gemacht. Die Schleuse geht ja noch und Schutzausrüstung und Druckluftbehälter sind auch genügend da. Ich musste einfach mal etwas anders sehen, als immer nur die Innenwände der Station, sonst werde ich noch verrückt, wenn ich das nicht sogar schon bin...

Ich bin also da draußen rumgestiefelt und habe mir alles von draußen angeguckt. Schließlich habe ich mich hingesetzt und zu den Sternen geschaut. Ja, wirklich, genau wie bei einem stinknormalen Nachtspaziergang auf der Erde! Ich schaute in den Himmel und dachte komisches Zeug. Ich stellte mir vor, dieses ganze Universum sei unendlich klein, so klein, dass ich es in ganzer Größe sehen konnte. Ich guckte mir nun seine Ränder an um herauszufinden, was hinter dem Universum kommt, und sah...

Hier setzte meine Vorstellungskraft aus. Was ist am Ende des Universums? Gibt es so ein Ende? Mir fällt keine mögliche Antwort darauf ein. Wenn das Universum unendlich ist, so entzieht es sich meiner Vorstellungskraft. Es müsste ja immer weiter gehen, danach noch weiter, selbst dann noch weiter, ohne jemals aufzuhören! Ist soetwas möglich?

Unvorstellbar, dass es einen Raum ohne Begrenzungen geben soll.

Genauso unvorstellbar, dass er irgendwann endet. Dann müsste dahinter ja etwas anderes kommen. Wenn etwas endet, fängt dahinter etwas Neues an. Endet dieses Etwas auch? Oder ist es unendlich? Dann ist es wieder genauso unvorstellbar wie, wenn das Universum an sich unvorstellbar wäre. Auf diese Fragen habe ich keine Lösung gefunden. Sie entziehen sich mir, sind zu groß für mich. Es muss eine Lösung geben, nur dadurch kann überhaupt etwas existieren, aber wahrscheinlich spielt sich diese Lösung außerhalb menschlichen Fassungsvermögens ab. Niemand kann sie verstehen.

Aber meine Träumerei in Betrachtung der Sterne ging noch weiter. Als ich über Unendlichkeit und das Universum als winziges Etwas nachdachte, kam mir ein Gedanke über die Entstehung der Welt. Kein besonders neuer Gedanke, ich glaube, ihn schon mal irgendwo gelesen zu haben, aber die Bilder, die mir durch den Kopf gingen, sind es wert, hier beschrieben zu werden.

In einer ganz normalen Kleinstadt in einem ganz normalen Land auf einem bemerkenswert unspektakulären Planeten in einem nicht näher spezifizierten Raum lebte eine Art von Lebewesen. Sie hinreichend zu beschreiben soll nicht Ziel meiner Bemühungen sein, wir gehen jedoch davon aus, dass diese Lebewesen einen wie auch immer gearteten festen Körper, mehrere Gliedmaßen, eine Zivilisation und damit verbunden auch Forschung hatten und darüber hinaus über einen gehobenen Intellekt und die Möglichkeit differenzierter Kommunikation untereinander verfügten.

Nun wenden wir uns einem Individuum dieser Art zu, einem Forscher, der in einem privaten Labor seiner Tätigkeit nachging. Forschung und Kunst, soviel muss hier gesagt werden, waren in jener Zivilisation nicht annähernd so stark getrennt, wie das bei den Menschen der Fall war. So verstand unser Forscher seine Aufgabe nicht nur als beobachtende, sondern als schöpferische Tätigkeit und wollte dem gerecht werden. Man könnte ihn auch als Erfinder bezeichnen, jemand, der neue Entdeckungen machte und diese gleich in diverse mehr oder weniger nützliche Geräte einfließen ließ. Er war ein sehr bekannter Erfinder, der schon viele verschiedene Dinge erfunden hatte.

17

Gerade saß er am Tisch und berichtete seiner Familie von seinem neuesten Vorhaben.

„Ein Konstrukt soll es werden, welches von alleine immer weiter funktioniert. Es braucht keinen besonderen Sinn zu haben, aber ich will, dass es mit sehr wenig Raum auskommt. Ja, es soll die kleinste Erfindung werden, die je gemacht worden ist."

Seine Frau war die verrückten Einfälle ihres Mannes gewohnt. Sie hatte sich schon oft gefragt, wozu in aller Welt seine Erfindungen eigentlich gut sein sollten, aber mit der Zeit sah sie ein, dass der Zweck einer Erfindung für ihren Mann nicht deren wichtigste Eigenschaft war. Sie ließ ihn also gewähren und fragte nicht weiter nach.

Die Kinder sahen ihren Vater jedoch voll Bewunderung an. Besonders der jüngste Sohn, sein Name wird euch später selbst einfallen, war fasziniert. Etwas, was klein sein *sollte!* Er selbst hatte es nie besonders gemocht, der Kleinste zu sein, aber hier schien es geradezu erstrebenswert! Mit diesen Gedanken im Kopf ging er zu Bett.

Am nächsten Tag besuchte er seinen Vater im Labor. Dieser saß an einem Mikroskop und betrachtete sein bisheriges Werk. Der Sohn trat zu ihm.

„Hier kannst du sehen, was ich bisher geschafft habe", meinte sein Vater und schob ihm das

Mikroskop hin. Der Junge blickte hindurch. Ein schwarzer Nebel erstreckte sich vor seinen Augen, aber inmitten dieser Düsternis schien etwas zu leuchten. Einzelne glühende Punkte bewegten sich über den dunklen Hintergrund und dazwischen schienen Gesteinsbrocken zu kreisen. Der Vater drehte an einem Rad und auf einmal sah man einen der Gesteinsbrocken von Nahem. Er war rötlich und trug Spuren, die verschiedene Muster bildeten.

„Das ist ein Rätsel" gluckste der Vater. „Für die Lebensformen, die ich noch hineinzusetzen gedenke. Wenn die wüssten, dass es sich um willkürliche Striche handelt... aber es sieht doch aus wie Bildzeichen..."

„Da drinnen wird es Leben geben?" Der Sohn war ganz aufgeregt. „Sollen die Lebensformen auch durch das Schwarz fliegen wie die Steinbrocken?"

„Nein, nein. Die Lebensformen werden noch viel, viel kleiner sein. Sie sollen auf den Gesteinsbrocken leben. Ich weiß nur noch nicht, auf welchen."

„Darf ich einen davon machen?" fragte der kleine Junge ganz aufgeregt „Bitte!"

Der Vater lächelte. Er hatte schon vor langer Zeit eine Maschine erfunden, um Dinge kleiner zu machen. Der Junge konnte somit in ihm gewohnten Maßstäben arbeiten. Warum also nicht? Er drückte seinem Kind einen Klumpen weißen Lehm und verschiedene Farben in die Hand.

„Aber sei sehr sorgfältig damit, schließlich müssen Leute darauf wohnen."

Der Kleine nickte und machte sich an die Arbeit. Er malte seine Lehmkugel blau an, denn das war seine Lieblingsfarbe. Dann fand er jedoch, dass eine einzige Farbe zu langweilig sei. Die Bewohner dieses Klumpens sollten zufrieden damit sein. Er versprenkelte also noch verschiedene andere Farben willkürlich auf der Kugel. Nur an zwei gegenüberliegenden Punkten blieb sie weiß, nämlich da, wo der Kleine sie mit seinen Fingern gehalten hatte. Schließlich übergab er sein Werk dem Vater und dieser verkleinerte es und fügte es in seine winzige Erfindung ein.

Als nun dieses kleine Ding fertig war, stellte sich heraus, dass es nicht ganz von alleine lief. Man musste es ständig warten und ihm hin und wieder einen Schubs geben. Auch die kleinen Bewohner der umherfliegenden Gesteinsbrocken kamen nicht immer ganz allein zurecht. Der Vater war enttäuscht von seiner Erfindung, der er den Namen „Universum" gegeben hatte. Er überließ sie nur allzu gerne seinem Jüngsten, als dieser ihn eindringlich darum bat. Der Junge sah ab jetzt täglich nach dem

Universum, besonders aber nach dessen winzigen Bewohnern. Auch auf dem Planeten, den er geformt hatte, er hatte ihn einfach „Erde" genannt, denn daraus war er ja gemacht, entwickelte sich das Leben weiter. Manchmal musste er dem Universum oder einem seiner Bestandteile einen kleinen Schubs geben, ganz selten versuchte er, mit den kleinen Bewohnern Kontakt aufzunehmen. Aufgrund ihrer eingeschränkten Sichtweise gab es jedoch viele Missverständnisse. Das entmutigte den Jungen. Die kleinen Wesen schienen einfach nicht zu begreifen, was er ihnen sagen wollte!

Die einzige Lösung war, sich durch seine Werke zu zeigen. Er sah davon ab, direkt mit den Winzlingen zu sprechen. Stattdessen versuchte er, sie dazu zu bringen, sich gegenseitig weiterzuhelfen, indem sie seine Botschaften in ihre Worte verpackten. Und ab und zu gab er dem Universum einen leichten Schubs...

Was einem nicht so alles durch den Kopf geht, wenn man ganz allein ist und viel Zeit zum Nachdenken hat. Hätte ich das nur vorher entdeckt. Ich hätte Schriftsteller werden können! Bücher schreiben, Ruhm erlangen! Und zum Schluss unten auf der Erde mit allen anderen zusammen untergehen...

Genug davon, zurück zu der Geschichte. Was für ein Gedanke! Gott als kleines Kind, wir alle in einem winzigen Versuchsobjekt, entstanden im Labor eines riesigen Wissenschaftlers! Denkt ihr noch an die Vermutungen vorhin, als es darum ging, ob das Universum unendlich ist oder nicht? Ich hatte mir doch die Frage gestellt, was außerhalb des Universums ist, wenn es tatsächlich ein Ende haben sollte. In der Geschichte ist dort ein unheimlich viel größeres Universum. Eine Antwort auf meine Frage ist das jedoch nicht wirklich, denn nun müssen wir uns fragen: Was ist außerhalb *dieses* Universums? Ein weiterer Beweis meines Unvermögens, die Welt als Ganzes zu begreifen. Nicht, dass ich das bedauern würde. Wenn mein Verstand tatsächlich so weit reichen würde, gingen mir hier in nicht allzu langer Zeit die Fragen aus.

Unglaublich! Habe ich das geschrieben? Als ich mir gerade nochmal durchgelesen habe, was hier bisher auf diesen Blättern steht, bin ich fast vom Stuhl gefallen. Dazu muss ich wohl sagen, dass ich mir nie sonderlich viele Gedanken gemacht habe. Naja, wenn es um mein Leben ging, um die politische Situation, um Dinge, die mich direkt betrafen und an denen ich etwas hätte ändern können. Aber sowas? Die Entstehung der Erde? Unendlichkeit? Die wahre Identität von Gott? Die eigentlichen Ursachen des Kriegs? Das sind keine Fragen, die ich mir früher gestellt hätte! Wer bin ich, dass ich mir darüber Gedanken mache?

Blöde Frage. Ich bin der letzte lebende Mensch, wenn man mal von den Jupiter-Expeditions-Leuten absieht, von denen ich nicht weiß, ob sie noch leben. Der Letzte in weitem Umkreis, der sich überhaupt noch Gedanken darum machen kann. Vielleicht sogar das letzte lebende Wesen im gesamten Universum. Wer weiß?
Jetzt ist es jedenfalls mal wieder an der Zeit, ein paar praktische Informationen zu bringen. Ich habe angefangen, dieses Schriftstück zu verfassen mit dem Ziel, eventuell vorhandene andere Lebensformen zu warnen. Sie sollten sich die

Geschichte der Menschheit anschauen und aus deren Fehlern lernen. Besonders diesen letzten Abschnitt, der schließlich zur Auslöschung jeglichen Lebens auf dem Planeten Erde führte und dessen Nachwirkungen bald auch den näheren Umkreis eben jenes Planeten von der letzten lebenden Kreatur befreit haben dürfte. Diesen letzten Abschnitt will ich nun also endlich schildern.

Zunächst muss ich dazu jedoch einige Bemerkungen zu den Verhältnissen auf der Erde machen.

Die Bevölkerung dieses Planeten ist in großen Gruppen organisiert, sogenannten Völkern. Diese Völker haben wiederum ganze Landstriche, die sie als ihr Eigentum betrachten. Die Zuordnung von Land und Völkern stimmt nicht ganz genau, aber ungefähr. In der Geschichte der Menschheit gab es oft Streitigkeiten zwischen den Völkern. Dabei ging es um Territorien, Macht, Bodenschätze oder noch andere Dinge. Mit der Zeit bildeten sich verschiedene Großmächte. Sie zeichneten sich durch ihre wirtschaftliche und militärische Macht aus. Zweiteres erlangten sie durch eine stetige Weiterentwicklung ihrer Waffensysteme. Schließlich wurden immer schlimmere Waffen gebaut, die teilweise auf einen Schlag tausende Menschen töten konnten. Einige machten das Land, auf dem sie eingesetzt wurden auf Jahrzehnte unbewohnbar.

In dieser Situation verfielen die Regierungen der Länder einem wahnwitzigen Gedanken. Man vertrat die Ansicht, die anderen Länder seien eine Gefahr, weil sie diese starken Waffen hätten. Man folgerte weiter, das eigene Land müsse mehr und bessere Waffen besitzen, um die anderen in Schach zu halten. Diese Denkweise war aus heutiger Sicht das Todesurteil.

Das erste große Wettrüsten löste zwar noch nicht den Krieg aus, der das Schicksal der Erdenbewohner schließlich besiegelte, aber trotz der großen Erleichterung, die hinterher herrschte und den Eindruck vermittelte, man habe möglicherweise etwas aus der Katastrophe gelernt, an der man so haarscharf vorbeigeschrammt war, rüsteten die Länder weiter auf. Immer schrecklichere Massenvernichtungswaffen wurden produziert, immer größere Stückzahlen davon gehortet, einiges kam auf den Schwarzmarkt und wurde von terroristischen Vereinigungen aufgekauft.

Eine solche Vereinigung war es, die schließlich mit der Vernichtung der gesamten Erde drohte. Es war bekannt, dass inzwischen Waffen existierten, mit denen man bei verhältnismäßig geringen

25

Stückzahlen ein solch wahnwitziges Ziel erreichen konnte. Auch wusste man, dass inzwischen genügend dieser Waffen auf dem Schwarzmarkt kursierten, Hinterlassenschaft eines größenwahnsinnigen Diktators, dessen Waffenvorräte nach seinem Sturz spurlos verschwanden. Verschiedenen religiöse Gruppen war die Menschheit als Ganzes schon länger ein Dorn im Auge. Teils glaubten sie, sich selbst, teils, alle Menschen zu erlösen, wenn es ihnen nur gelänge, sie von dieser Erde zu tilgen. Einige dieser Sekten hatten recht wohlhabende (um nicht zu sagen: stinkreiche) Mitglieder. Die Voraussetzungen waren also da, die Drohung somit glaubwürdig.

Den Aufschrei, der rund um die Welt ausgestoßen wurde, konnte man quasi bis zum Andromedanebel hören. Eine Gruppe verschiedener Regierungen arbeiteten auf Hochtouren, um die Verbrecher in die Finger zu kriegen. Nur machten sie dabei einen Fehler. In all ihrer Empörung ließen sie ihren Zorn nicht an der Terrorgruppe aus, die sie auch schwer hätten dingfest machen können, sondern griffen das Land an, in dem diese beheimatet war. Das gefiel nun wieder den Verbündeten dieses Landes nicht. Sie drohten mit Vergeltungsmaßnahmen und beschuldigten, weil es gerade so schön zum Thema passte, kurzerhand ihre Widersacher, den nämlichen Terroristen selbst Unterschlupf zu bieten und mit ihnen gemeinsam die Vernichtung der Erde zu planen. Ungeachtet der Sinnlosigkeit der Beschuldigung einer Regierung, die ja absolut nichts von einem Selbstmord hätte, wehrte man sich mit der Behauptung, diese Schuldzuweisung bestätige ja nur, was man schon lange vermute, nämlich das die Kläger die eigentlichen Schuldigen seien.

Das lässt man sich natürlich als Regierung nicht bieten. Kriegserklärungen folgten und es wurde begonnen, sich zu bekämpfen. Anfangs scheute man sich noch, die schlimmsten Waffen einzusetzen, aber mit der Zeit kam man in Fahrt und wurde weniger zimperlich. „Eine mehr wird die Welt schon verkraften" war das Motto, das man in diesem Krieg vertrat. Das hätte vielleicht auch gestimmt, wenn nicht *beide* Seiten über die entsprechenden Waffen verfügt hätten.

Der erste wirkliche Weltkrieg, verstanden als Krieg, an dem auch wirklich die ganze Welt beteiligt ist, war auch der letzte. Man wusste, was diese Waffen anrichten können. Man hat sie trotzdem eingesetzt. Auch die Erkenntnis, dass die Terrorgruppe, die mit der Vernichtung der Erde gedroht hatte, gar nicht über die entsprechenden Waffensysteme verfügte,

27

konnte den Krieg nicht mehr aufhalten, als er erst einmal im Gange war. Einen sinnloseren und gewaltigeren Untergang kann man sich gar nicht vorstellen.

Das war also die Geschichte, die ich erzählen wollte, der eigentliche Grund, warum ich angefangen habe, zu schreiben. Möge sie, von irgendjemandem entschlüsselt, eine Warnung sein und auf diese Weise vielleicht ein ähnliches Unglück auf einem anderen Planeten zu einer anderen Zeit verhindern.

Obwohl ich diese Warnung nun losgeworden bin, will ich jedoch noch nicht aufhören zu schreiben. Wie ich bereits erwähnte, hilft mir das Schreiben in meiner aussichtslosen Situation weiter, ich kann auf diese Art den letzten Teil meines Lebens vielleicht nicht genießen, aber doch nutzen. Gerade als ich neulich meine kleine Geschichte verfasst habe fühlte ich mich erstaunlich gut, fast glücklich. Vielleicht fällt mir bei Gelegenheit noch einmal so etwas ein.

Zunächst will ich jedoch mal wieder etwas aus meinem täglichen Leben erzählen. In letzter Zeit vertreibe ich mir oft die Zeit damit, den Himmel zu beobachten. Manchmal gehe ich dazu nach draußen, um die Weite auf mich wirken zu lassen. Wenn ich mich auf den Rücken lege (in dem sperrigen Anzug ist es gar nicht so leicht, wieder hochzukommen, aber wenigstens ist er durch die geringe Schwerkraft hier vergleichsweise leicht) fühle ich mich, als würde ich vom Universum aufgesogen. Ein beängstigendes, aber auch aufregendes und beglückendes Gefühl.

Manchmal setze ich mich jedoch auch an das große Teleskop und gucke mir den Himmel sozusagen „von nahem" an, wenn man diesen Ausdruck bei Entfernungen, die in Lichtjahren gemessen werden müssen, noch verwenden darf. Ich sehe mir andere Sterne an und frage mich, ob auf den Planeten in ihren Umlaufbahnen vielleicht auch intelligente Wesen existieren, ob diese sich auch Gedanken über andere Lebensformen machen und ob ein Individuum einer solchen Lebensform vielleicht gerade die Sonne fixiert und unsere Blicke sich treffen, ohne dass wir es bemerken...

Bei einer dieser träumerischen Observationen gelangte vorhin (nach den Uhren in der Basis war es gegen 10:00 Uhr vormittags) ein leuchtender Punkt in mein Blickfeld, der sich am Firmament bewegte. Die Bewegung ging sehr langsam vonstatten, ich hätte sie gar nicht bemerkt, wenn ich den leuchtenden Punkt nicht für einen Stern gehalten und zum Objekt meiner heutigen Beobachtungen bestimmt hätte. Nach einigen Minuten war das Leuchteding nicht mehr in der Mitte meines teleskopbedingten Blickfelds, sondern schon fast am rechten Rand. Ich justierte das Gerät neu, aber dieses Mal fing es an, zum linken Rand zu driften. Misstrauisch geworden konsultierte ich eine Sternkarte und stellte fest, dass am entsprechenden Platz kein Himmelskörper verzeichnet war. Ich nahm mir vor, den Kurs des Objekts in den nächsten Tagen zu verfolgen. Die Koordinaten habe ich mir aufgeschrieben, wenn es nicht zu weit von seiner jetzigen Position abweicht, müsste ich es jederzeit wiederfinden.

Inzwischen ist mir eine neue Idee für eine Geschichte gekommen. Dieses Mal habe ich sogar einen Namen. Der Einfall ist ziemlich verschroben, aber die Geschichte mit dem kleinen Gott kann man ja auch nicht gerade als vernünftig bezeichnen. Ich probiere mal, was aus meiner Idee wird, wenn ich einfach drauflos schreibe.

Die Suche nach gestern

Als ich letzten Mittwoch früh um neun aufwachte, hatte ich den Dienstag vergessen.

Nein, nicht einzelne Episoden eines ereignisreichen Tages. Es war auch keine morgendliche Müdigkeit, die mir die Erinnerung verwehrte. Ich hatte nicht einmal einen Kater, der vielleicht Antwort genug auf die Frage gewesen wäre, warum ich mich an nichts erinnerte. Vielmehr hatte ich das Gefühl, der Dienstag habe nie stattgefunden.

An den Montag erinnerte ich mich noch sehr gut. Da war ich wie üblich ins Büro gegangen, hatte um die Mittagszeit ausnahmsweise einmal der Kantine einen Besuch abgestattet, weil der Bäcker gegenüber, bei dem ich mir sonst mein Mittagessen zu holen pflege, aus unerfindlichen Gründen geschlossen hatte und war abends noch mit einigen Freunden gemütlich in der Kneipe gewesen. Natürlich nicht lange, ich musste schließlich am nächsten Tag wieder ins Büro, aber da fängt es schon an: Ich konnte mich genau an die Überlegung erinnern, daran, mit Bedacht auf meine dienstäglichen Aufgaben schon um halb elf den Heimweg angetreten zu haben.

Daran, den guten Vorsatz, dienstags pünktlich und ausgeschlafen im Büro zu erscheinen, wie geplant umgesetzt zu haben entsann ich mich hingegen ebensowenig wie eines halb verschlafenen Tages oder eines Spontantrips nach Brasilien. Ich hatte also komplett die Erinnerung verloren.

Ein haarsträubendes Erlebnis, fürwahr. Nicht, dass mir die Erinnerung besonders fehlte. Schließlich hatte ich nicht die geringste Vorstellung, was mir entging. Insofern hätte ich einfach weitermachen können, als sei nichts gewesen. Es handelte sich ja auch nur um einen von mehreren hundert Dienstagen meines bisherigen Lebens, kein Grund sich aufzuregen, sollte man meinen, besonders, da Dienstage nicht gerade für Kumulationen außergewöhnlicher Ereignisse bekannt sind.

Bei mir lag der Fall jedoch anders. Es *hatte* mindestens ein außergewöhnliches Ereignis an diesem Dienstag stattgefunden, nämlich, dass ich denselben vergessen hatte. Folglich handelte es sich nicht um einen ereignislosen Dienstag, was die Frage aufwirft: Wäre er ereignislos gewesen, wenn ich ihn *nicht* vergessen hätte? Mit anderen Worten, wenn ich meine Erinnerung wiederfände, würde ich mich dann an einen ereignislosen Dienstag erinnern, weil ich das einzig spannende Geschehnis des Tages durch das Zurückerlangen meiner Erinnerung zunichte gemacht hätte?

Ich hatte also die Wahl zwischen zwei Möglichkeiten: Entweder ich würde nicht versuchen, mich zu erinnern. In diesem Fall hätte ich den Verlust eines möglicherweise amüsanten, wenn nicht sogar spannenden, vielleicht aber auch einfach stinknormalen Tages zu beklagen gehabt. Die zweite Möglichkeit war, mich auf die Suche nach Anhaltspunkten zu begeben, um meinen verlorenen Dienstag zurückzugewinnen. Das würde Zeit und Energie kosten und einen Erfolg möglich, jedoch nicht sicher machen.

Es gab aber noch einen Faktor, der meine Entscheidung maßgeblich beeinflusste. Ich fühlte, dass mein Leben diesen Dienstag brauchte. Was wäre es ohne ihn? Wie konnte ich einen Mittwoch erleben, ohne zuvor den Dienstag erlebt zu haben? Bauten nicht alle folgenden Tage darauf auf? Das Leben, so wurde mir klar, ist wie ein Hochhaus, das immer weiter gebaut wird, Stockwerk für Stockwerk. Wenn nun der zwölfte Stock fehlt, kann man keinen dreizehnten darüber bauen. Der zwölfte Stock spielt wie der x-te Dienstag meines Lebens eine tragende Rolle für alles, was danach kommt.

So entschied ich mich also für die Suche. „Neulich habe ich meinen Schlüssel verloren, um ihn dann völlig überraschend in einem meiner Winterschuhe wiederzufinden", dachte ich mir, „wahrscheinlich liegt auch mein Dienstag noch in irgendeiner Ecke herum." Mit diesem ermutigenden Gedanken machte ich mich auf den Weg.

Wochentage aufzustöbern ist gar nicht so leicht. Man ahnt ja nicht, wie gut die sich verstecken. Am meisten machte mir zu schaffen, dass ich, weil mir ja jede Erinnerung an ihn fehlte, nicht einmal wusste, wie mein gesuchter Dienstag aussieht. Ich hatte keine Ahnung wie groß er ist, ob er Kleidung trägt und wenn ja, welche, welche Hautfarbe er hat (wenn freilaufende Dienstage über so etwas wie Haut verfügen) oder wo er sich am liebsten aufhält. Ich hatte kein Foto, das ich den Leuten hätte zeigen und keinen Namen, nach dem ich sie hätte fragen können. Ich probierte es ein paar Mal mit „Haben sie einen Dienstag gesehen?", aber das hatten sie natürlich alle schon, und wer nicht, konnte mir noch nicht davon erzählen. Außerdem suchte ich ja nicht nach jemandem, der noch keinen, sondern nach jemandem, der schon einen und zwar einen ganz bestimmten Dienstag hatte vorübergehen sehen. Nach einer halben Stunde der Suche, in der ich gefühlte 200 Variationen der einfachen Antwort „nein" kennengelernt hatte, machte sich Mutlosigkeit breit. Ich setzte mich auf den Bordstein und hing trüben Gedanken nach. Es war ja auch eine völlig aussichtslose Suche, auf die ich mich da begeben hatte. Einen bestimmten Dienstag inmitten der Masse aller möglichen Wochentage ausfindig zu machen (ganz zu schweigen von den ganzen Dingen, die es *außer* Wochentagen noch gab), war ähnlich wahrscheinlich wie... – mir fiel kein passender Vergleich ein, was mir erneut Gelegenheit zu ausgiebigem Fluchen verschaffte.

„Ich glaube, ich kann Ihnen helfen."

Die Stimme ertönte dicht neben meinem rechten Ohr. Ich fuhr herum. Tatsächlich, da saß jemand. Ein ziemlich magerer Herr mit Spitzbart sah mich lächelnd an.

„Sie sind doch der Herr, der seinen Mittwoch verloren hat."

„Meinen Dienstag", antwortete ich, „Woher wissen Sie das?"

„Die Dame dort drüben erzählte mir von Ihrem

Kummer." berichtete mir mein neuer Bekannter. „Nun denn, ich habe etwas in der Art gesehen. Ich konnte es nicht genau erkennen, aber es könnte durchaus ein Wochentag gewesen sein. Keiner von diesen aufgeblasenen Sonntagen, er ging gebückt und schien nicht auffallen zu wollen. Sein Ziel schien der Markt zu sein."

„Vielen Dank!"

Verblüffung und Freude mischten sich auf eine herzschlagbeschleunigende Art. Ich hatte eine Spur! Nichts wie los!

Der Markt. Es gab kaum einen Ort, der mehr Menschen beherbergte. Überall drängelten sie sich, redeten, lachten und versuchten auf jede erdenkliche Art, einem die Zivilisation auszutreiben. Wenn mein Dienstag hierher gekommen war, *musste* ihn jemand gesehen haben!

Und richtig. Schon der erste Händler, den ich ansprach, es war ein Gemüseverkäufer mit beachtlichem Grinsen und ebensolchem Leibesumfang, versicherte mir, mein Dienstag sei vor Kurzem erst hier vorbeigekommen.

„Ein kleiner, gebückter Wochentag? Klar hab ich den gesehen! Der ging schnurstracks in die ‚Schneiderei Gutzke', musste sich wohl mal wieder

36

einen Kalender auf den Leib schneidern lassen"
Obwohl ich die Bemerkung mit dem Kalender nicht
ganz verstand und mir sein Grinsen sowie seine
übertrieben selbstverständliche Redeweise
Unbehagen einflößten, bedankte ich mich höflich
und machte mich auf den Weg zu besagter
Schneiderei, die in Sichtweite des Gemüsestandes
am Rand des Marktplatzes lag.

Eine Glocke klingelte, als ich die Tür öffnete.
Drinnen erwartete mich ein staubiger, holzgetäfelter
Raum. Die Gardinen sowie verschiedene
Einrichtungsgegenstände ließen vermuten, dass die
Inhaberin ein längst vergangenes Jahrhundert
bewohnte, welchem sie allerdings selten Pflege in
Form eines nassen Lappens zuteil werden ließ.
„Frau Gutzke?"
Ich tastete mich langsam in den nächsten Raum vor.
Auch hier alles voller Staub. Allerdings
verschwanden große Teile der Wände hinter riesigen
Stoffballen und Stapeln fertiger Kleidungsstücke.
Nach einigen Schritten blieb ich stehen. Die
gespenstische Atmosphäre ließ mich verzagt
innehalten.
„Frau Gutzke?" versuchte ich es nochmal mit
ersterbender Stimme.

„Ja doch!"

Das zweite Mal an diesem Tage wurde ich von einer Seite angesprochen, von der ich im Moment gar nichts erwartet hätte, diesmal jedoch mit einer deutlich mürrischeren Stimme als das erste Mal. Meine Reaktion blieb jedoch nahezu die gleiche. Ich wirbelte herum, als hätte mich die Schneiderin mit einer ihrer Nadeln ins Gesäß gepiekt. Da stand sie in der Tür, durch die ich den Raum soeben betreten hatte, und sah mich nicht eben freundlich an. Dann schlurfte sie durch das Zimmer und ließ sich auf einem altmodischen Sessel nieder.

„Was wollen Sie?"

Ich erwachte aus meiner Starre und beeilte mich, der alten Dame den Grund meiner Anwesenheit zu schildern.

Als ich fertig war, sagte sie eine ganze Weile lang nichts. Eine beunruhigend lange Weile. Wenn eine 92-jährige mitten in einem Gespräch abbricht, bei welchem man mit ihr allein im Raum ist, so fühlt man sich plötzlich mit der Vorstellung konfrontiert, was im Falle ihres plötzlichen Ablebens geschähe, wie viel Schuld der einzige Zeuge zugeschustert bekäme (es entspricht nicht der Natur solcher Überlegungen, logisch zu sein) und was die Nachbarn über ihn sagen würden. Erst dann fällt einem ein, dass die betagte Dame auch einfach eingeschlafen sein könnte.

Ich war also auf halbem Wege, um ihren Puls zu fühlen, als ihre erstaunlich wache Stimme wieder zu sprechen begann.

„Ich habe so viele Tage kennengelernt. So viele sind an mir vorübergezogen, dass ich sie gar nicht mehr zählen kann. Einige müssen auch Dienstage gewesen sein, jaja...“

Dann schwieg sie wieder für die Zeit, die ich brauchte, um das Alphabet rückwärts bis zum Buchstaben „P“ auswendig zu lernen. Als sie wieder sprach hatte ihre Stimme einen erschöpften Klang.

„Nie haben sie etwas gekauft. Der letzte Dienstag, der hier war, bildet da keine Ausnahme. Er ist schon wieder verschwunden. Aber er kann noch nicht weit sein.“

Noch nicht weit? Dann durfte ich keine Zeit mehr vertrödeln! Ich verabschiedete mich rasch und verließ das Haus. Draußen sah ich mich um. Wo konnte mein Dienstag hingegangen sein? Bestimmt hatte ihn jemand aus dem Laden kommen sehen! Ich hielt auf eine kleine Gruppe von Menschen zu, die ins Gespräch vertieft dastanden.

Dieses Mal war mir kein so schneller Erfolg

beschieden wie noch bei dem Gemüsehändler. Ich verbrachte einige Zeit damit, verschiedene Leute zu befragen, bevor mich der Argwohn ereilte, keiner der Leute, die noch vor dem Laden standen, habe meinen Dienstag gesehen.

Ich dachte nach. Konnte ich überhaupt sicher sein, dass der gesuchte Tag gerade erst hier vorbeigekommen war? Schließlich brauchte die Dame, die mir den letzten Hinweis gegeben hatte, selbst eine beträchtliche Zeitspanne, um einige wenige nicht sonderlich komplizierte Sätze herauszubringen. Außerdem konnte ich mir gut vorstellen, dass sie selbst „noch nicht weit sein" würde, selbst wenn man ihr eine Woche gäbe, um wegzulaufen. Wenn sie ihre eigene Laufgeschwindigkeit als Maßstab nahm, war mein Dienstag über alle Berge.

Ich seufzte. Das war nun das Ende meiner Suche. Niedergeschlagen machte ich mich auf den Weg zu meiner Schwester, um mich von ihr aufbauen zu lassen. Eine typisch schwesterliche Aufgabe, außerdem wohnte sie gleich um die Ecke.

Mit Schwestern ist das so eine Sache. Manchmal sind sie die tröstende Besorgnis selbst, wenn einem kaum etwas fehlt. In Situationen, in denen es einem wirklich schlecht geht, schaffen sie es allerdings mitunter, eine verblüffende Unbeschwertheit an den Tag zu legen.

Meine Schwester lachte.

Ich hatte ihr eben die ganze Geschichte meines Unglücks geschildert, da lachte sie schallend los. Bestürzt ob dieser unpassenden Reaktion brachte ich schließlich die Frage heraus, was denn so komisch sei (beleidigter Ton, durch die Nase gesprochen, wenn ihr versteht, was ich meine)?

„Ach, Brüderchen", rief sie, „die haben dich nach Strich und Faden verarscht!"

Raffinesse im Ausdruck war noch nie eine ihrer Stärken, aber sie hatte den Nagel auf den Kopf getroffen. Das musste ich einsehen, als sie mir folgendes darlegte:

Der Mann mit dem Spitzbart hatte von meiner ungewöhnlichen Suche gehört. Er wollte sich einen Scherz auf meine Kosten erlauben und schickte mich absichtlich in die Irre.

Der Gemüsehändler auf dem Markt hielt das Ganze für einen Scherz meinerseits und hatte genügend Humor, mitzumachen. (Jetzt wurde mir der Grund seines ständigen Grinsens und der Sinn seiner kryptischen Bemerkung klar. Späte Erkenntnis...)

Die alte Frau Gutzke schließlich war völlig verwirrt. Sie erzählte einfach Dinge, die ihr zu dem Stichwort „Dienstag" einfielen. Zufälligerweise konnte man diese Bemerkungen mit etwas Mühe als Antwort auf meine Frage interpretieren, was ich auch bereitwillig getan hatte. Nicht zu fassen!

Ganz im Gegensatz zu meiner Schwester, die sich königlich amüsierte, war mir gar nicht nach Lachen zumute. Ich war den ganzen Tag lang einer falschen Fährte hinterhergerannt! Was für eine Verschwendung.

Allmählich wurde auch die Tochter meiner Mutter gewahr, dass es mit meiner Laune nicht zum Besten stand.

„Komm schon, reg dich nicht auf", versuchte sie mich zu trösten, „es ist nur ein ganz gewöhnlicher blöder Dienstag. Du hast doch schon Dutzende davon erlebt, auf den einen kommt es nun wirklich nicht an."

Als sie merkte, dass mich diese Argumente kaum aufheiterten, versank sie in Schweigen.

Nach etwa einer Viertelstunde einvernehmlicher Stille klingelte es an der Wohnungstür. Es war der Freund meiner Schwester, der ihr einen Überraschungsbesuch abstatten wollte. Die drückende Stimmung in der Wohnung ließ ihn den eigentlichen Grund seines Besuchs schnell vergessen, und er erkundigte sich nach unserem Problem.

Die knappe Schilderung der Ereignisse ließ ihn leicht grinsen, aber am Ende erstrahlte ein Lächeln in seinem Gesicht.

„Ich habe die Lösung!"

Ich sah ihn ungläubig an. Eigentlich hatte ich das Problem inzwischen für unlösbar gehalten.

„Was für eine Lösung?" fragte auch meine Schwester.

„Dafür muss ich etwas weiter ausholen." Der junge Mann setzte sich zurecht und begann zu erzählen.

„Heute früh wachte ich mit einem eigenartigen Gefühl auf. Rein vom Wort her würde der Begriff ‚Kopfschmerzen' passen, aber mein Empfinden war wesentlich subtiler und unterschied sich völlig von sämtlichen Formen des Kopfschmerzes, die ich zuvor kennengelernt hatte. Es war mir, als sei mein Kopf zum Bersten gefüllt mit etwas, was nicht hineingehörte. Er schien jeden Augenblick aus den Angeln platzen zu wollen. Zudem stieß ich bei dem Versuch, mich an mögliche Ursachen meiner Unpässlichkeit am gestrigen Tage zu erinnern auf ein außergewöhnliches Phänomen." Seine Augen blitzten verheißungsvoll und sein Gesichtsausdruck bettelte geradezu um einen Ausruf wie: „Was für ein Phänomen? Sag es doch, bitte!!!" oder etwas ähnlich Verzweifeltes, aber meine Schwester und ich saßen nur stumm da und starrten ihn an. Er seufzte resigniert und fuhr fort.

„Jede meiner Erinnerungen an gestern kam mir irgendwie länger vor als das Geschehnis selbst, obwohl keine von ihnen etwa mehr beinhaltet hätte. Vielmehr schienen alle meine Erinnerungen – ich kann es nicht anders ausdrücken – *doppelt* vorhanden zu sein!"

Er brach ab und strahlte uns an.

Wir starrten zurück.

Schließlich wurde mir klar, dass er nicht fortfahren würde. Enttäuschung machte sich in mir breit.

„Und wie kann mir das jetzt weiterhelfen?"

Er verdrehte die Augen.

„Ist das nicht klar? Ich erinnere mich zweimal. Ich kann dir also einmal abgeben!"

Natürlich. Das war die Lösung. Während ich noch voller Begeisterung meinen Dank stammelte überreichte er mir seine überschüssige Erinnerung. Prompt war der Dienstag wieder da. Ich war spät aufgestanden, hatte einen Spaziergang gemacht...aber halt, das war ganz falsch! Wieso war ich denn nicht ins Büro gegangen wie jeden Dienstag? Ach richtig, es war ja gar nicht mein Tag, an den ich mich erinnerte, sondern der eines anderen. Der passte jetzt natürlich überhaupt nicht mit meinem restlichen Leben zusammen, mir fehlten die Hintergründe für die einzelnen Handlungen. Warum hatte er was wann gemacht? Das war natürlich ein Problem.

War das ein Problem?

Ich überlegte. Eigentlich war es doch auch mal ganz nett, etwas anderes als meinen gewöhnlichen Alltag auszuprobieren. Schließlich konnte ich meine eigenen Dienstage jede Woche erleben. Die von anderen Leuten bekam ich dagegen höchst selten zu sehen. Das wäre fast schon ein Grund, den einen oder anderen Tausch in Erwägung zu ziehen. Wann hätte einem schließlich ein bisschen Abwechslung schon einmal geschadet?

Das war meine Geschichte. Ich bin richtig stolz auf mich. Wäre die Erde nicht vernichtet, würde ich noch viele solcher Geschichten schreiben, sie sammeln und dann einem Verlag überantworten. Später könnte ich dann einen Roman verfassen und ein gefeierter Schriftsteller werden. Das wäre eigentlich eine schöne Beschäftigung für die Zeit nach den Weltraummissionen gewesen. Schließlich werde auch ich nicht jünger.

Allerdings auch nicht mehr viel älter. Dumm, dass mir das immer dann einfallen muss, wenn ich gerade mal gut drauf bin.

Während ich meine Geschichte geschrieben habe, habe ich mehrfach die Position des sich bewegenden leuchtenden Objekts am Himmel überprüft. Die Position verändert sich nur sehr wenig. Dafür habe ich den Eindruck, dass das Leuchten mit der Zeit stärker wird. Mit einiger Vorsicht ließe sich schlussfolgern, dass der unbekannte Himmelskörper sich auf mich zu bewegt. Je nachdem, um was es sich handelt, kann das nett bis tödlich sein. Also nichts, was mich beunruhigen müsste. Ich werde es einfach weiter verfolgen und sehen, was passiert. Wenn etwas passiert. Ist das eine Auswirkung der Ereignislosigkeit und Einsamkeit, dass ich jetzt schon einem sich bewegenden Punkt am Himmel eine besondere Bedeutung für mich zuschreibe? Schließlich heißt die Tatsache, dass irgendetwas Leuchtendes eine Zeit lang meine ungefähre Richtung einschlägt, nicht, dass dieses Etwas einen wie auch immer gearteten Effekt auf mich oder meine unmittelbare Umgebung haben muss.

Ich gehe nach draußen. Irgendetwas muss vorhin passiert sein, es gab eine Erschütterung. Wahrscheinlich ist ganz in der Nähe irgendetwas eingeschlagen. Ich habe mir vorgenommen, die nähere Umgebung danach abzusuchen. Eine willkommene Abwechslung für jemanden, der sonst nicht viel zu tun hat. Wahrscheinlich ist es nur irgendein Felsbrocken, aber kein noch so langweiliges Stück Stein wäre öder als mein momentaner Tagesablauf. Sogar die alten Selbstmordgedanken kamen wieder. Nicht aus Verzweiflung. Aus *Langeweile!* Wenn es einen bescheuerten Grund zum Sterben gibt, dann ist es ja wohl dieser. Ich habe schon von Leuten gehört, die sich aus Überforderung das Leben genommen haben, aber sich zu entleiben, weil man *zu wenig* zu tun hat? Allein der Gedanke daran, wie verständnislos Hinterbliebene darauf reagieren würden, reichte, um mich davon abzuhalten. Dabei gäbe es nicht einmal Hinterbliebene, aber der Mensch ist es halt gewohnt, sich auf die Meinung anderer zu beziehen, und ich kann auch nicht aus meiner Haut. Ob das jetzt gut oder schlecht für mich ist, kann ich nicht sagen.

Jetzt habe ich jedenfalls wieder eine Beschäftigung, dem geheimnisvollen Ding aus dem Weltraum sei Dank.

So, jetzt muss ich aber endlich aufschreiben, was ich gestern entdeckt habe. Leider bin ich nicht mehr dazu gekommen, sofort einen Bericht zu verfassen, da ich bis vor einigen Stunden, als ich erschöpft ins Bett gefallen bin, damit beschäftigt war, dieses Ding aus dem Weltraum zu untersuchen. Zwei Dinge wusste ich sofort. Zuerst einmal handelt es sich *nicht* um einen Meteoriten oder eine sonstige Zufallserscheinung, sondern um ein künstlich hergestelltes, ein technisches Objekt.

Im gleichen Augenblick, in dem ich das sah, begriff ich auch den zweiten Fakt: *Dieses Objekt stammt nicht von der Erde!* Wer auch immer diese eigenartige Maschinerie einmal hergestellt hat, hatte eine ganz und gar andere Vorstellung von Weltraumtechnik, als die bei uns übliche. Ich konnte kein einziges der verwendeten Materialien erkennen, keinen mir bekannten Mechanismus ausmachen. Ich sah verschiedene Elemente, die sich bewegten, aber diese Bewegungen wirkten kaum mechanisch, vielmehr tierisch, belebt also, wenn auch das ganze Ding nicht den Eindruck eines Lebewesens machte.

Heute werde ich mich wieder nach draußen begeben, um mir das Ding noch einmal genauer anzusehen. Vielleicht finde ich Hinweise, woher es stammt.

49

In der Tat gibt es Hinweise. Haufenweise famose Hinweise für jeden, der die eigenartigen Zeichen entziffern kann, die sich an einigen Stellen der Außenverkleidung häufen. Leider gehöre ich nicht zu diesen Glücklichen und ich bezweifele, dass es einen dieser Leute schon einmal in unser Sonnensystem verschlagen hat. Ich bin also weit davon entfernt, auch nur die leiseste Ahnung zu haben, wer mir da ein kleines, nettes Weltraummaschinchen vor die Haustür gesetzt hat. Ich vermute jedoch, dass Wer-immer-es-ist mich gerade ganz genau im Auge behält.

Ja, genau so ist es. Sobald ich mich in die Nähe des geheimnisvollen Objekts begebe, verfällt dasselbe in hektische Betriebsamkeit. Ich fühle mich regelrecht beobachtet, seit ich gemerkt habe, dass die Maschine sich immer bewegt, wenn auch ich mich bewege, jedoch in Starre verfällt, wenn ich sie nur über die Außenkameras der Station observiere.

Sammelt sie Informationen über mich? Sendet sie Daten an einen fernen Planeten oder ein nahendes Raumschiff? Sind vielleicht mit jenem leuchtenden Pünktchen, das ich seit einiger Zeit beobachte, die unbekannten Erbauer der Maschine auf dem Weg zu mir, vielleicht meine Retter? Es ist doch komisch, wie sich das Herz noch an die kleinste Hoffnung

klammert, als wäre sie nicht Folter, sondern
Erlösung.

Von dem sich bewegenden Lichtpünktchen wollte
ich jedoch sowieso noch schreiben. Ich bin
inzwischen fast sicher, dass es ziemlich genau auf
mich zukommt. Das Licht wird immer kräftiger,
inzwischen kann ich auch ab und zu kleine bunte
Punkte wahrnehmen, die in unmittelbarer
Nachbarschaft des großen Lichts aufblinken und
wieder verschwinden. Natürlich ist es immer noch
möglich, dass es sich um einen Kometen oder etwas
ähnliches handelt, aber durch die bunten Lichter,
dergleichen ich noch nie im Weltraum gesehen habe,
und durch die geheimnisvolle mutmaßliche Sonde,
die in der Nähe meiner Station gelandet ist, halte ich
es für wahrscheinlicher, dass es sich um ein
Fortbewegungsmittel einer anderen Lebensform
handelt. Ich hoffe, ihre Aufmerksamkeit und ihre
Neugierde erregt zu haben, so dass sie nun einen
Versuch unternehmen, mich zu retten. Ich weiß
nicht, ob ich in einem ihrer Raumschiffe überleben
kann, ob auf ihren Planeten für mich erträgliche
Bedingungen herrschen, aber den Versuch wäre es
auf jeden Fall wert.

Ich hatte mir vorgenommen, weiterhin Geschichten zu schreiben. Auf der Suche nach Anregungen habe ich mir nun gestern nochmals die ersten beiden durchgelesen und dabei der ersten, der mit dem Kind, welches der Gott einer unglaublich viel kleineren Welt ist, besondere Aufmerksamkeit geschenkt.

Es ist schon erstaunlich, wie jemand, der wie ich zeitlebens ein sehr pragmatischer Mensch war, kurz vor seinem Tod anfängt, über Philosophie oder gar über Religion nachzudenken. Ich denke jedoch, dass es gerade der nahe Tod und die Einsamkeit sind, die meine Gedanken ungeahnte philosophische Höhen erklimmen lassen. Der Pragmatismus bietet nur solange genug Stoff für Überlegungen, wie es etwas zu tun und zu entscheiden gibt. Ist das, wie bei mir, nicht der Fall, muss man sich der Philosophie zuwenden, die immer Stoff für die verschiedensten Gedankengänge bietet.

Ich bin also von meiner ersten Geschichte ausgegangen, in der Gott unfassbar groß ist, ein Gigant aus einem Volk von Giganten, und fragte mich nun, ob auch das *Gegenteil* denkbar sei.

Wenn man an Gott denkt, denkt man immer an das Große, erhabene. Man stellt sich den Schöpfer als einen Töpfer vor, der eine Schale macht oder einen

Goldschmied, der einen Ring fertigt. Was aber, wenn er vielmehr einem Architekten gleicht, der einen Palast entworfen hat oder einem Bildhauer, der eine 20-Meter-Statue errichtet? Vielleicht ist er auch wie ein Volk von Ameisen, dessen Individuen kleiner sind als der Hügel, den sie bauen. Vielleicht wohnt Gott zwischen den Atomen und Molekülen unserer Erde. Man kann sich zum Beispiel folgendes vorstellen:

Schöpfung

Jemand ist allein. Er sitzt allein auf einer Kugel, die sich durch den Raum bewegt. Gesellschaft hat er nie gekannt, nie gab es ein anderes Wesen außer ihm, aber dennoch spürt er, dass ihm etwas fehlt. Eine Leere herrscht in seinem Inneren und erfüllt ihn mit Unruhe. Jemand kennt das Gefühl noch nicht, aber wenn er mit jemandem von uns sprechen könnte, würde dieser ihm sagen, dass es sich um Langeweile handelt.

Ja, Jemandem ist langweilig. Schon seit langer Zeit ist er mit seiner Kugel unterwegs, solange er zurückdenken kann. Andererseits auch kurz, da ihm jeder Anhaltspunkt fehlt, um die Zeit zu messen. Keine Tage und Nächte, keine Tätigkeit, nach deren Fortschreiten man die Zeit hätte festlegen können, nur eine endlose Abfolge, nein, ein Strom der Existenz.

Jemand hat Zeit. Er verändert sich nicht, nichts verändert sich. Er kommt ins Grübeln, denkt über alles mögliche nach, über alles jedenfalls, was aus seiner Position heraus erfassbar ist und erkennt schließlich, dass der einzige Weg aus seiner Langeweile ist, selbst etwas zu verändern. Für jemanden, dem das Prinzip der Veränderung nicht bekannt ist, ist dies eine außergewöhnliche Erkenntnis.

Zwei Möglichkeiten fallen ihm ein, wie er etwas verändern könnte. Erschaffen oder zerstören. Die Entscheidung fällt ihm nicht schwer. Nicht, weil er das Zerstören als moralisch verwerflich betrachtete, Moral ist ihm noch fremd, noch hatte niemand die Möglichkeit, sie zu entwickeln, sondern aus dem einfachen Grund, dass das Erschaffen seiner Existenz für eine längere Zeit einen Inhalt zu geben verspricht. Nach Zerstörung seiner Kugel bliebe ihm nur noch die Zerstörung seiner selbst, mehr Material war nicht vorhanden. Erschaffen kann er ohne

Grenzen.

So macht sich Jemand ans Erschaffen. Natürlich hat er nicht die geringste Vorstellung, wie das geht, aber er hat auch keine Vorstellung, was *nicht* geht. So formt er aus nichts etwas Neues ohne um die Unmöglichkeit dieses Vorgehens zu wissen.

Form und Eigenschaften seines Werks sind seiner Kugel nachempfunden. Eine andere Vorstellung von Existenz hat er ja auch noch nicht, da er sich selbst nicht als Ganzes wahrnehmen kann. Er baut also eine weitere Kugel und als er mit der fertig ist noch eine. Seine Zeit ist nun mit *Beschäftigung* erfüllt, sein Problem gelöst. Wenn ihm von der Eintönigkeit seiner Arbeit langweilig zu werden droht, beschäftigt er sich eine Zeit lang damit, seine einzelnen Werke in Beziehung zueinander zu setzen, sie zu gruppieren und mit Gesetzen und Kräften auszustatten, die an ihnen ziehen.

Nun dauert es zwar lang, bis Jemand eine neue Kugel fertiggestellt hat, da jedoch die Zeit, die ihm dafür zur Verfügung steht, unendlich ist, hat er mit der Zeit eine unüberschaubare Masse von Kugeln gefertigt, die den Raum um ihn herum bevölkern. Diese Kugeln beginnen, ein gewisses Eigenleben zu führen. Innerhalb der Gesetze, die Jemand ihnen gegeben hat, gruppieren sich die Kugeln. Sie kreisen umeinander, verbinden sich zu starren Formationen und bilden dadurch ganz neue Gebilde, die wiederum miteinander reagieren und verschmelzen und schließlich, nach einer sehr langen, wenn auch noch nicht in Jahren gemessenen Zeit, bilden sie im Großen ab, was im Kleinen schon existiert. Umeinander kreisende Kugeln.

Als Jemand dies sieht, ist er sehr beeindruckt. Die neuen Formen, die Ordnung im Chaos, all das fasziniert ihn ungemein. Er sieht, wie viel anderes man noch erschaffen kann, viel mehr als immer nur Kugeln. Wie viel anderes man *aus* seinen Kugeln schaffen kann.

Jemand fängt wieder an zu grübeln. Er hat all dies erfunden und gefügt, er war es, der die Idee hatte, aus der all dies entstand, die Idee, etwas zu *bauen*. Wenn nun aber all diese Dinge es geschafft hatten, ohne Plan und Ziel eine Ordnung, ein System zu bauen, sollte es ihm doch möglich sein, viel großartigere Dinge in die Welt zu setzen. Nur: Was kann das sein? Es muss anders sein als alles, was er bisher geschaffen hat, anders als all das, was sich auch ohne seine Kontrolle zu bewegen versteht.

Versteht? Stellt das wirklich eine Form von Verstand dar? Oder hat der Zufall all dies geordnet? Was unterscheidet ihn selbst eigentlich von seinen

Werken? Lange denkt er über diese Fragen nach. Schließlich kommt Jemand auf folgende Lösung: Der wichtigste Unterschied zwischen ihm und seinen Geschöpfen ist der, dass er selbst Dinge erschaffen kann. Seine Kugeln können sich innerhalb der von ihm geschaffenen Grenzen so bewegen, wie es der Zufall gebietet, aber sie handeln nicht aus eigenem Antrieb.

Das, so erkennt er, ist auch die Antwort auf seine Frage, was er noch bauen könne. Ein Wesen, dass wie er ist, das aus eigenem Antrieb handelt und Dinge erschafft. Welches Geschöpf könnte seinem Schöpfer mehr Ehre machen?

Sofort macht er sich ans Werk. Er beschließt, seine Lebewesen erheblich größer zu machen, als sich selbst. Die Tauglichkeit seiner Kugeln als Baumaterial hat er ja schon hinreichend bewundern dürfen, als sie sich von selbst zusammenfanden. Wenn er sie jedoch verwenden will, bringt das automatisch mit sich, dass das Endprodukt größer sein muss als seine ersten Schöpfungen und damit als er selbst.

Zuerst denkt er sich komplizierte Systeme aus, mithilfe derer die Wesen ihr Überleben auf einer der großen Kugeln sichern sollen. Er entwickelt die Idee der Energiegewinnung durch Nahrungsaufnahme und passt ihre Körper, die er zunächst ohne feste Form lässt, den Bedingungen in einem Element auf einer der Riesenkugeln an, die ihm passend erscheint. Seine ersten Versuche sind in der Lage, sich zu bewegen, manche sogar zielgerichtet, aber das geht ihm noch zu langsam. Er experimentiert und experimentiert, entwirft immer neue Möglichkeiten, bis er auf die Idee kommt, seinen neusten Kreationen feste Körper mitzugeben, deren Körperteile bestimmte Zwecke erfüllen. Diese bewegen sich schon wesentlich zielstrebiger durch das Wasser, aber Jemand ist noch nicht zufrieden.

Auf seinen Prototypen aufbauend entwickelt Jemand immer größere, kompliziertere und intelligentere Wesen. Noch immer ist aber keins dabei, das selbst Anstalten gemacht hätte, kreativ zu werden. Viele der Wesen entwickeln sich auch von sich aus weiter, neue Arten entstehen, andere sterben aus. Mit dieser Wendung hat Jemand nicht gerechnet. Er merkt, dass er keine absolute Gewalt über die Entwicklung seines Experiments hat, und das ist ihm unheimlich.

Eben diese Wendung bringt ihn allerdings seinem Ziel ein großes Stück näher. Einige Wesen haben nämlich mit der Zeit das Element verlassen, in das Jemand seine Kreationen bisher gesetzt hat, und erklimmen die bis dahin unbewohnten Regionen.

Sie atmen das Gasgemisch, das die Kugel umgibt. Jemand hat ihnen bisher nicht mehr als die durchschnittliche Aufmerksamkeit geschenkt, aber nun fallen sie ihm doch ins Auge.

Er hat nämlich eine Art entdeckt, die beginnt, Werkzeuge zu benutzen, eine vierhändige haarbewachsene Art. Sicher, Werkzeuge haben auch andere Landbewohner schon benutzt, auch Luftbewohner, wie Jemand sich erinnert, aber diese Tiere haben etwas Besonderes an sich. Anders als irgendein Vogel haben sie nämlich Hände, mit denen sie zwei Dinge greifen und miteinander benutzen können. Sie beschäftigen sich miteinander, denken sich für Probleme Lösungsstrategien aus... Jemand ist ganz aus dem Häuschen. Sicher, er ist noch nicht am Ziel, aber hier gibt es einen Ansatzpunkt!

Zuerst einmal vertreibt er größere Mengen seiner auserwählten Spezies aus den Bäumen, in denen sie bis dahin hausten. Er bringt sie dazu, auf zwei ihrer vier Extremitäten einherzuschreiten, damit sie die anderen beiden für das *Erschaffen* frei haben, für das er sie ja entwickeln will. Dann teilt er sie in verschiedene Gruppen, die er in verschiedenen Gegenden der Erde, wie er die Riesenkugel nennt, ansiedelt.

Jetzt fängt er an, die verschiedenen Gruppen

verschieden weiterzuentwickeln und ihnen dann Aufgaben zu stellen. Hitze, Kälte, Nahrungsmangel, Hindernisse, alles, was ihm so einfällt. Manche seiner Gruppen halten es länger durch, andere weniger lang, nach und nach sterben sie aus. Schließlich bleibt nur noch eine Art übrig und Jemand beschließt, mit dieser Art weiterzuarbeiten, da sie die Kreativsten und Schlausten sein müssen, wenn sie es als einzige bis hier geschafft haben. Vorerst betrachtet er seine Schöpfung jedoch noch etwas. Er will herausfinden, wie weit er schon gekommen ist.

Jemand ist enttäuscht. Er hat so große Hoffnungen in seine neue Art gesteckt, glaubte sich schon am Ziel seiner Träume, als er sah, wie sich die zweibeinigen Wesen immer neue Werkzeuge ausdachten, um sich das Leben zu erleichtern und schließlich anfingen, Gebäude zu errichten, aber diese Hoffnung muss er nun endgültig begraben.

Dabei hat er sich alle Mühe gegeben, diese Narren auf dem Weg in die falsche Richtung aufzuhalten. Mehrfach hatte er vor ihren Augen Dinge erschaffen, die sie glauben machten, er sei allmächtig (was ja auch irgendwie seine Berechtigung hatte), hatte Feuer entzündet, Wasser fallen lassen und ihnen immer wieder den richtigen, von ihm geplanten Weg gezeigt, doch die Menschen, wie sie sich selbst getauft hatten (wer gab ihnen das Recht dazu, sich ihren Namen selbst zu suchen?), waren unverbesserlich.

Nicht, dass sie nichts gebaut hätten. In der kurzen Zeit ihrer Existenz hatten sie die Erde mit zahllosen Zeugnissen ihrer Existenz überzogen und in so unvorstellbarer Geschwindigkeit Dinge errichtet, dass Jemandem, der ein gemächlicheres Arbeitstempo gewohnt war, fast schlecht davon wurde. Was ihre Produktivität betraf, hätte Jemand also zufrieden sein können. Sein Problem war, dass sie all das mit ihrer Destruktivität ausglichen.

Die Menschen waren zwar voller Ideen, was sie noch bauen könnten, zerstörten aber mit jedem neuen Bauwerk ein altes. Manchmal waren es menschgemachte Gebäude, entbehrlich also, wenn es auch schade um die kreative Energie war, die einmal hineingesteckt worden war. Immer häufiger wurden aber inzwischen auch Jemandes Werke zerstört, seine Lebewesen ausgerottet, seine Schöpfung mit Füßen getreten.

Nein, das ist nicht die Spezies, die er erschaffen wollte. Ihm fällt aber auch keine Möglichkeit ein, die Menschen noch in seinem Sinne weiterzuentwickeln. Dazu ist es wahrscheinlich längst zu spät. Vielleicht war er aber auch von vornherein auf dem falschen Weg.

Jemand seufzt und wendet sich ab. Er hat noch so viele andere Kugeln, auf denen er einen neuen Versuch starten kann. Zeit genug hat er ja.

Zeit?

Jemand lacht. Er hat die Ewigkeit!

Da bin ich wieder.

Nachdem ich gestern die Geschichte verfasst hatte, war ich nicht mehr fähig, hier noch irgendetwas zu schreiben. Zu tief sitzen noch die Erfahrungen und Erinnerungen aus der Zeit des letzten Kriegs, als die Menschheit sich vernichtete, als dass ich, nachdem ich geschildert hatte, wie Gott sich von der Menschheit abwendet, noch hätte weiterschreiben können. Ich habe mich auf mein Bett gelegt und mir die Decke über den Kopf gezogen, um ganz mit mir allein zu sein, auch von der unbelebten Welt abgeschnitten, die mich umgibt. Inzwischen geht es mir besser, und ich möchte noch einige Zeilen dazu loswerden.

Zunächst das letzte Wort: Ewigkeit. Was für ein großes Wort für eine so kleine Sache. Warum klein? Nun, misst sich nicht jede Zeit immer an unseren Vorstellungen? Ist nicht, was dem einen kurz erscheint, dem anderen unvorstellbar lang? Ist also eine Lebensspanne unendlich, weil ein Kind ihr Ende nicht abschätzen kann, oder ist sie kurz, weil es einem Greis viel zu nahe erscheint? Unendlichkeit ist etwas, das entweder im Auge des Betrachters oder aber außerhalb jedes Erfahrungshorizonts liegt. So gesehen hat der Gott meiner Geschichte allen Grund, sich zu freuen, weil ihm die Zeit, die ihm noch zur Verfügung steht, unendlich erscheint.

Ob sie das wirklich ist, ob die Zeit *an sich* überhaupt so etwas wie die Unendlichkeit bereithält, wird niemand je erfahren. Was immer jemandem widerfährt, er wird immer nur die Gegenwart erleben und sich der Vergangenheit erinnern und daher nicht abschätzen können, wie lang die Zukunft noch dauert, nicht einmal begründete Vermutungen darüber anstellen können, da jede Zeitspanne, über die man etwa Erfahrungen gesammelt hat, gegen die Ewigkeit zu einem Nichts zusammenschrumpft.

Was mich an der Geschichte noch erschreckt (ja, so weit ist es schon gekommen, dass mich meine eigenen Fantasien zu schrecken vermögen!) ist die Gleichgültigkeit, mit der Gott seine Schöpfung alleine lässt. Er stellt fest, dass die Menschen nicht funktionieren, wie er sich das vorgestellt hat und lässt sie liegen, wie ein kaputtes Spielzeug. Er hat versucht, das Spielzeug zu reparieren, es hat nicht geklappt, ein neues Spielzeug muss her. Der Gott meiner Geschichte hat wenig mit dem gütigen Gott des Christentums zu tun, der die Menschen liebt und ihnen helfen will. Wenn es einen Gott gibt, so hoffe ich inständig, dass er nicht jenem Schöpfer ähnelt, den ich in meiner finsteren Laune entwarf.

Ich verändere mich. Inmitten einer Welt, der jede Entwicklung fremd zu sein scheint bin ich das einzige, was sich noch verändert. Nicht nur diese nachdenklichen Phasen, die mich hier manchmal überkommen, seit ich so allein bin, nicht nur die düstere Stimmung, die mich seitdem fast ständig niederdrückt, nicht nur meine schriftliche Unterhaltung mit dem winzigsten Hauch der Möglichkeit eines späteren Lesers oder meine schriftstellerischen Anwandlungen. Nein, auch in der Zeit, die ich jetzt schon schreibe, hat sich eine Wandlung an mir vollzogen.

Es fiel mir auf, als ich meine bisherigen Aufzeichnungen noch einmal durchsah. Auf den ersten Seiten dominieren kurze Sätze, mein Schreibstil ähnelt meinem Sprachstil, auch wenn ich etwas mehr auf eine korrekte Grammatik bedacht bin. Zynische Kommentare begleiten die Beschreibung meiner Lage, der letzte Weg des Menschen, sich in Situationen seelischer Überforderung aufrecht zu halten.

Dann setzt eine Entwicklung ein. Ich werde ruhiger, denke über meine Lage nach, finde Trost (oder zumindest Ablenkung) in philosophischen Betrachtungen über Mensch und Schöpfung und schließlich auch Gefallen daran, selbst erdachte

Geschichten zu erzählen, freilich ohne Publikum. Im Laufe dieser Entwicklung verändert sich auch mein Schreibstil. Die Verbitterung lässt ein wenig nach, der Zynismus weicht mitunter vereinzelten Anflügen von Lebensfreude. Meine Sätze werden länger und dadurch komplizierter. Ich drücke mich gewählter, manchmal geradezu altmodisch aus.

Vermutlich folgt diese Veränderung meines Sprachgebrauchs aus meinem Mangel an Übung, was die gesprochene Sprache angeht. Einerseits ist das natürlich auch nicht mehr wichtig. Schließlich werde ich nie mehr die Gelegenheit haben, mich mit einem Menschen zu unterhalten. Andererseits – wenn wirklich irgendjemand meine Aufzeichnungen findet – in dieser schwachen Hoffnung habe ich ja erst angefangen, dies hier zu schreiben – machen es ihm eine komplizierte Satzstellung und eine ungewöhnliche Wortwahl doch nur schwerer, meine Nachricht zu entschlüsseln.

Allerdings, was weiß ich schon davon, wie man die Sprache einer fremden Lebensform dechiffriert? Vielleicht ist die Kommunikationsform der Finder meines Manuskripts ja der komplizierten Variante ähnlicher als dem Straßendeutsch vom Anfang? In diesem Fall würde ich es ihnen durch eine in meinen Augen einfachere Ausdrucksweise eher schwerer machen. Es ist schon nicht leicht mit den fremden Intelligenzen...

Ich habe nun schon seit längerer Zeit nichts mehr von dem geheimnisvollen Licht berichtet, das ich am Himmel entdeckte und das sich auf mich zu bewegt. Es ist also mal wieder an der Zeit, zu erzählen, was sich diesbezüglich getan hat.

Seit dem letzten Mal, als ich von diesem Licht erzählte, habe ich es weiterhin jeden Tag beobachtet, manchmal stundenlang. Allmählich kam es immer näher, wurde größer und teilte sich schließlich. Aus einem wurden zwei, dann immer mehr Lichter. Es schien sich um mehrere Lichtquellen zu handeln, die ich aufgrund der großen Entfernung nicht auseinanderhalten konnte. Ich musste, als ich diese Entdeckung gemacht hatte, an meine Vermutung denken, die Erbauer der Sonde seien auf dem Weg zu mir. Die vielen Lichter deuteten entweder auf ein großes Gefährt mit mehreren Lichtquellen hin (dieses müsste allerdings von geradezu unfassbaren Ausmaßen sein, wenn sich die verschiedenen Lichter alle an einem Rumpf befinden) oder auf eine ganze Flotte. Die Vielzahl der Lichter, die sich alle mit gleicher Geschwindigkeit in meine Richtung bewegen, scheint meine Theorie jedenfalls zu erhärten. Wenn diese koordinierte Bewegung nicht von einem planenden Geist ersonnen wurde, muss schon ein gewaltiger Zufall dahinterstecken. Ich gehe also weiterhin davon aus, dass es sich bei den sich nähernden Pünktchen um die Erbauer der Sonde handelt und dass sie durch dieselbe von meiner Existenz Kenntnis haben.

Da fällt mir ein, dass ich schon länger nicht mehr nach der Sonde gesehen habe. Eine Weile lang habe ich regelmäßig nach ihr geschaut, aber als sie sich nicht anschickte, mir über den Grund ihres Hierseins Aufschluss zu geben und ich auch sonst keine interessanten Verhaltensweisen an ihr beobachten konnte, gab ich die Überwachung schließlich auf. Bei Gelegenheit wollte ich sie jedoch noch einmal aufsuchen. Ich war von Anfang an fasziniert von der Art, wie diese Maschine sich bewegt. Obwohl die Glieder eindeutig künstlich sind und sich durch einen ebenso künstlichen Mechanismus bewegen, sieht es aus, als würden die Bewegungen von einem lebendigen Wesen ausgeführt. Ich habe vor zu testen, ob die Sonde auch über die Reflexe eines lebendigen Wesens verfügt, wie sie auf Berührungen reagiert und so weiter. Ich werde ihr also heute noch einen Besuch abstatten.

Die Maschine ist weg!

Ich war gerade eben draußen, um die geplanten Untersuchungen an dem außerirdischen Gerät durchzuführen. Zu diesem Zweck hatte ich mir kleine Gegenstände mitgenommen, um das Ding damit zu bewerfen und die Reaktionen zu beobachten, sowie einen kleinen Putzroboter, der wahlweise auch per Fernsteuerung bedient werden kann und dazu gedacht war, sich der Sonde zu nähern und die Reaktionen auf ein Lebewesen (ich selbst wollte mich nicht in Gefahr begeben) testen sollte. Ich hoffte, die Sonde würde nicht auf Anhieb einen Unterschied zwischen Mensch und Maschine erkennen.

Als ich an der Stelle ankam, wo ich die Sonde zurückgelassen hatte, dachte ich zunächst, ich hätte mich im Platz geirrt. Ich suchte die nähere Umgebung ab, zog Kreise um den Ort, von dem mir meine Erinnerung sagte, dass es *doch* der richtige sei, stieg auf einen großen Trümmerhaufen, von dem ich die Umgebung überblickte, konnte jedoch trotzdem keine Spur der Sonde ausmachen. Schließlich kehrte ich zu meinem Ausgangsort zurück, um denselben noch einmal gründlich zu untersuchen.

Bei dieser genauen Betrachtung, die ich zweifelsohne früher, und zwar als Erstes, hätte durchführen sollen, stieß ich auf Spuren im Mondstaub. Ich sah die Abdrücke der Sonde, ziemlich deutlich sogar. Ich hatte sie vorher wohl nur nicht bemerkt, weil ich mir nicht vorstellen konnte, was nun offen zutage lag. Dies *war* der richtige Platz.

Die Sonde war weg.

Anderthalb Stunden brachte ich damit zu, Spuren der Sonde zu suchen um herauszufinden, wo sie sein könnte. Ganz offensichtlich verfügt dieses eigentümliche Ding nicht nur über einen Mechanismus, um sich im leeren Raum, sondern auch über einen, um sich auf einer festen Planctenoberfläche fortzubewegen. Angesichts der Tatsache, dass sie außer an der Stelle, wo sie seit ihrer Landung gelegen hatte, keinerlei Spuren hinterlassen hatte, liegt die Vermutung nahe, dass ihre Flugvorrichtung auch zum Manövrieren im Schwerefeld eines Himmelskörpers geeignet ist und sie sich somit fliegend fortbewegte (wie leicht man der Gewohnheit auf den Leim geht. Jetzt hätte ich beinahe geschrieben „durch die Luft". Was bringt ein monatelanger Mondaufenthalt, wenn man sich nicht einmal an die einfachsten Unterschiede zur Erde gewöhnen kann?).

Nachdem ich wieder ins Innere der Station zurückgekehrt war, suchte ich die gesamte Umgebung noch einmal mit den Kameras ab. Die

Sonde blieb verschwunden. Ich konnte sie weder auf der weiten Ebene der Mondoberfläche erkennen noch zwischen den Trümmern der zerstörten Teile meiner Mondbasis. Schließlich bemühte ich sogar einen der lunaren Satelliten, um Mondoberfläche und Umlaufbahn im größeren Umfang absuchen zu können, aber auch dort wurde ich nicht fündig.

Ist die Sonde zu ihrem Besitzer zurückgekehrt? Wenn ja, kehrt sie zurück, weil sie den Planeten für uninteressant hält? Hat sie mich am Ende doch nicht bemerkt? Oder verfügen die geheimnisvollen Fremden über keine Möglichkeit der drahtlosen Datenübertragung über längere Strecken? Wie sollte das möglich sein, bei einer Lebensform, die es immerhin zur interstellaren Raumfahrt gebracht hat?

Diese Fragen beschäftigen mich seither und halten mich wach, auch wenn ich laut Uhr längst schlafen sollte. Kaum, dass ich anfing, wieder ein bisschen Hoffnung zu schöpfen, machen sich auch schon wieder die ersten Ängste breit, diese Hoffnung könne sich als irrig erweisen.

Der Gedanke, die Fremden könnten in der Lage sein, mich zu retten, war von Anfang an mehr von meiner verzweifelten Hoffnung, von meinem plötzlich wieder aufkeimenden Überlebenswillen geprägt, als von rationalen Abwägungen. Andernfalls hätte ich ihn wohl gar nicht erst formuliert sondern die geringe Wahrscheinlichkeit meiner Rettung zum Anlass genommen, diesbezügliche Hoffnungen im Keim zu ersticken. Letztendlich bin ich aber immer noch ein Mensch und kann nicht aus meiner Haut. Welcher meiner toten Artgenossen hätte nicht wie ich jedes Fünkchen zum Anlass genommen, wieder neue Hoffnung zu fassen, auch wenn die Lage im Ganzen noch fast genauso finster aussieht wie zuvor? Wir Menschen sind halt so.

Einige Tage habe ich jetzt schon nichts mehr geschrieben. Der Grund ist einfach. Mir ist nichts, aber auch gar nichts, eingefallen. Die Ereignislosigkeit, die ich von Anfang an am meisten fürchtete, hat mich nun tatsächlich eingeholt. Da in den letzten Tagen weder die geheimnisvollen Lichter am Himmel noch die verschwundene Sonde Stoff für mehr Verwunderung, Empörung, Angst und haltlose Spekulationen boten, als ich schon auf diesen Seiten versammelt habe, und auch mein dichterisches Talent nicht willens war, weitere Geistesblitze zu einem neuen Werk zu formen, bekam ich das erste Mal zu spüren, was es *wirklich* heißt, allein auf dem Mond zu sein.

Das Schlimmste ist nicht die Gewissheit, der letzte Überlebende zu sein, damit habe ich mich zumindest äußerlich einigermaßen abgefunden. Das Schlimmste ist auch nicht, dass mir der eigene Tod vor Augen schwebt. Obwohl ich mein nahes Ende nie vollkommen vergesse, ist es in letzter Zeit doch immer weniger präsent. Irgendwie schiebt es sich in den Hintergrund, als sei es nicht so wichtig, als müsse ich mich jetzt um andere Dinge kümmern. Nein, das Schlimmste daran, mutterseelenallein auf einem fremden Himmelskörper zu sitzen, ist die Langeweile.

Mit dieser Langeweile, mit meiner Beschäftigungslosigkeit habe ich mich also die letzten Tage gequält. Ich brauchte dringend wieder etwas, worüber ich schreiben konnte, aber mir wollte einfach nichts einfallen. Ich erinnerte mich an die Binsenweisheit, Einfälle, die man erzwingen wolle kämen um so weniger, also versuchte ich es, indem ich mir über andere Dinge Gedanken machte, in der Hoffnung, das könnte mir „völlig unbeabsichtigt" zu einem Geistesblitz verhelfen. Nur sind die guten Einfälle ein störrisches Völkchen. Wenn man sie braucht, sind sie nicht da, wenn man dann aber versucht, sie und sich selbst mit billigen Tricks hinters Licht zu führen, fühlen sie sich beleidigt und kommen erst recht nicht. Wenn gute Ideen so blöd wären, auf so etwas reinzufallen, wären sie ausgesprochen dumm. Eine dumme Idee ist doch aber keine gute mehr?

Literarische Projekte entstanden also nicht, aber dafür hatte ich einen anderen Einfall, wie ich mir die Zeit vertreiben könnte. Ganz am Anfang meiner erzwungenen Einsiedelei habe ich noch aufgelistet, was ich habe und was mir fehlt. Als ich auf der Suche nach Themen, die nicht in Form einer Geschichte zu verwerten waren (also eigentlich in der Hoffnung, mir möge ein Thema für eine Geschichte einfallen) meinen Blick über die Einrichtung dieses Raumes schweifen ließ kam mir der Gedanke, die Inventur zu wiederholen, um einen Überblick über meine Lage zu gewinnen. Endlich wieder einer einigermaßen sinnvollen Tätigkeit nachzugehen ist genau das, was ich schon seit langem vermisst habe. Man sollte es kaum glauben aber ich, erwiesenermaßen ein Mann der Tat mit akuter Büro-Allergie, freue mich darauf, Vorräte zu besehen, Kisten zu zählen und den Inhalt zu katalogisieren. Ich werde gleich mit meinen Nahrungsreserven anfangen.

Das Ergebnis meiner Bestandsaufnahme ist erschütternd. Ich wusste zwar vom Beginn meiner Isolation an, dass meine Vorräte nicht ewig reichen würden, aber seitdem habe ich mich wohl um nichts weniger gekümmert, als um die Nahrungs- und Wasservorräte. So erschrak ich nicht wenig, als ich vorhin im Lager nachschaute und feststellen musste, dass die Konzentratriegel, von denen ich mich bisher ernährte, fast alle sind. Nur ein Behälter, noch etwa zur Hälfte gefüllt, zeigt meine verbleibende Lebenszeit an. Zwar ist noch reichlich Wasser vorhanden, aber mit der verbliebenen Menge

Nahrung muss ich sparen, wenn ich die Ankunft der Raumfahrzeuge, die sich weiterhin auf mich zu bewegen, noch erleben will. Ab jetzt wird eisern rationiert.

Noch etwas hat mich heute stark mitgenommen. Auf der Suche nach weiteren Vorräten, eventuellen versteckten Reserven der ehemaligen Besatzung, strich ich vorhin durch die Quartiere. Ich sah sämtliche Schränke durch und durchwühlte das Gepäck meiner toten Kameraden. Natürlich war mir das unangenehm und ich hätte ihre Sachen lieber in Ruhe gelassen, aber meine einzige Chance, falls es denn wirklich eine ist, ist, durchzuhalten, bis die Raumschiffe da sind und zu sehen, ob sie etwas für mich tun können. Die Toten haben diese Chance nicht mehr.

Wie auch immer, in einem der Regale fand ich ein Fotoalbum. Ich schlug es auf und sah Bilder einer Familie. Viele der Fotos, alte, zweidimensionale Bilder auf Hochglanzpapier, zeigten zwei Kinder von vielleicht drei und fünf Jahren bei verschiedenen Spielen, einige zeigten eine Frau von etwa dreißig Jahren, mal mit, mal ohne Kinder, auf drei oder vier Bildern auch mit einem Mann, den ich aus der Basisbesatzung kannte. Ich habe wohl mindestens eine Dreiviertelstunde mit diesem Album in der

Hand dagesessen und mir die Bilder angeschaut. Der Anblick der jungen Familie verstörte und beglückte mich zugleich. Ich konnte meine Augen nicht von diesem Anblick losreißen. Da waren Menschen, Menschen wie ich, aber *nicht ich*. Fast war mir, als hätte ich das, was mir in den Wochen allein auf dem Mond am meisten gefehlt hat, endlich gefunden: menschliche Gesellschaft.

Ich konnte nicht mit ihnen sprechen, aber allein, diese junge Familie zu sehen, sei es auch nur auf Fotos, war für mich, der ich seit geraumer Zeit nur noch mein eigenes Spiegelbild gesehen hatte, soviel wert, wie schon lange nichts mehr. Sie waren bei mir. Glückliche Menschen, die auf der Erde unten gelebt hatten, bevor...

Ich musste schluchzen. Das Schicksal dieser Leute, die ich nicht einmal persönlich gekannt hatte, war mir in diesem Moment näher als mein eigenes, weil sie auf den Bildern ein Glück und eine Zuversicht ausstrahlten, die ich schon längst vergessen gehabt hatte. Hätte ich die Möglichkeit gehabt, diesen Leuten ihr Glück zurückzugeben, in diesem Moment hätte ich es selbst um den Preis meines Lebens getan, wenn ich sie dafür noch einen Augenblick so glücklich hätte erleben dürfen, wie sie auf dem Foto aussahen. Mit Tränen in den Augen nahm ich das

Album an mich und verließ das Quartier. Ich fühlte mich gleichzeitig reich beschenkt und tödlich verletzt.

Inzwischen ist es Abend. Nach der Uhr, wohlgemerkt. Mondtage sind wesentlich länger, als die auf der Erde, länger, als ich am Stück wach bleiben könnte. Daher halte ich mithilfe der Uhr des Basiscomputers und eiserner Disziplin einen regelmäßigen Wechsel von Wachen und Schlafen ein. Auf mein natürliches Müdigkeitsgefühl kann ich mich hier nicht hundertprozentig verlassen.

Habe ich eigentlich schon von meiner Abendroutine erzählt? Ich glaube nicht. Anfangs habe ich mich ja abends einfach aufs Bett geworfen, meist, ohne vorher etwas zu essen und voller trüber Gedanken. Vor anderthalb Wochen habe ich jedoch angefangen, Geschriebenes jeder Art zu sammeln.

Auf meinen Rundgängen durch heile wie zerstörte Quartiere hatte ich die verschiedensten Schriftstücke gefunden. Oft handelte es sich um Ausweise, Visitenkarten und Gebrauchsanweisungen, lauter Zeug, das man früher niemals mit in den Weltraum genommen hätte. Kurz bevor die Menschheit ausgelöscht wurde, waren wir allerdings bereits so weit, dass Astronauten auf ihren Missionen fast den gleichen Müll in den Hosentaschen hatten, wie zu Hause.

Ich war jedenfalls froh, dass so viel davon herumlag. Auch einige wenige Bücher fanden sich, hauptsächlich schmale, abgegriffene Taschenbücher. Ein Einziges hatte einen festen Umschlag.

Zwei der Taschenbücher las ich gleich am ersten Tag durch, ein weiteres am Nächsten. Dann überfiel mich ein Anfall von Sparsamkeit. Ich hatte nur wenige Bücher, um die mir verbliebene Zeit zu verbringen. Diese paar Bücher musste ich mir einteilen. Schon grauste es mir bei der Vorstellung, ich könnte diesen angenehmen Zeitvertreib von einem Tag auf den anderen wieder verlieren.

So wandte ich mich den anderen Dokumenten zu, die ich gefunden hatte. Eines Abends setzte ich mich hin und sah mir einen der Ausweise genauer an. Es handelte sich um eine Bibliothekskarte für eine Bibliothek in einem kleinen Dörfchen an der deutschen Nordseeküste. Ich musste grinsen. Viel dürfte die Karte dem Eigentümer hier oben nicht genutzt haben. Kleine Nordseebibliotheken in der Umlaufbahn gehörten zu den eher raren Sehenswürdigkeiten in unserer, nein halt, in *meiner* Mondstation.

Ich sah mir die Karte noch einmal an. Ein Foto der

Bibliotheksfassade prangte darauf, daneben war die Ecke eines kleinen Cafés zu erkennen, dessen Aushang, schon fast unsichtbar, da das Foto zu den Rändern hin ausgeblendet wurde, einen Seemann mit weißem Vollbart und Tabakspfeife zeigte, der irgendein Gericht anzupreisen schien. Was hatte der Mann, dem die Karte gehörte, wohl in seiner Freizeit gemacht? Sicher hatte er in diesem Ort gewohnt. War er angeln gegangen? Vielleicht hatte er ein Boot gehabt? Hatte er dort Kinder gehabt? Eine Frau? Wie lebte man in einem kleinen Dorf an der Nordsee, insbesondere, wenn man eigentlich Astronaut war? Ich selbst hatte immer in der Stadt gelebt und nie Neigungen zum Landleben erkennen lassen, aber jetzt hatte ich auf einmal Sehnsucht danach, durch das Gässchen auf der Karte zu gehen und den Heimatort des Bibliothekskartenbesitzers kennenzulernen. Eine Weile lang träumte ich mit offenen Augen von der Nordseeküste. Dann legte ich mich ins Bett und schlief zufrieden ein.

Seitdem sehe ich mir jeden Abend eines der Kärtchen und Heftchen an, die ich auf meinen Erkundungstouren eingesammelt habe. Manchmal habe ich Pech und es handelt sich nur um eine Waschanleitung für eine Seidenbluse oder etwas ähnliches, aber zu den meisten Dingen fällt mir irgendetwas ein, worüber ich nachdenken und wohin ich mich wegträumen kann. Seit ich meine Abende auf diese Weise gestalte, schlafe ich wesentlich besser und träume weit schöner als ich das vorher auf dem Mond getan habe.

Die vergangene Nacht war die gruseligste, die ich je erlebt habe. Ich habe kaum geschlafen, hoffentlich kann ich das heute nachholen. Zuerst muss ich mich jedoch davon überzeugen, dass die Sonde mir nichts tut.

Ja, die geheimnisvolle Sonde aus dem Weltraum ist wieder aufgetaucht. Es ist kein Wunder, dass ich sie auf meiner Suche nirgendwo finden konnte, ich suchte an den komplett falschen Stellen, aber der Reihe nach. Nachdem ich meine gestrigen Aufzeichnungen beendet hatte saß ich vor meiner abendlichen Lektüre (ein Flyer eines Veranstalters von Tauchtouren in der Karibik), als ich aus den Augenwinkeln eine Bewegung wahrzunehmen meinte. Erst dachte ich, ich hätte mich getäuscht und vielleicht einen Lichtreflex auf dem Türrahmen für ein sich bewegendes Objekt gehalten, da hörte ich ein leichtes Schaben aus dem Gang. Jetzt ergriff mich doch eine gewisse Unruhe und ich beschloss, nachzusehen.

Der Gang war leer. Ich ging bis zur nächsten Ecke und spähte in den nächsten Gang. Ebenfalls leer. Gerade wollte ich mich wieder abwenden, als mir ein Blatt Papier auffiel, dass vor der nächsten Tür auf dem Boden lag.

Mitten in einer lebensfeindlichen Umgebung wie

dem Weltraum kann man sich keine Fehler und deshalb auch keinerlei Inkorrektheiten leisten. Aus diesem Grund wurde einem angehenden Astronauten von Anfang seiner Ausbildung an ein Ordnungsdrang anerzogen, der seinesgleichen sucht. Die einzelnen Quartiere mochten Raum für eigene Persönlichkeiten und damit für eine gewisse gemütliche Unordnung bieten, auf den Gängen hatten die Kommandanten jedoch immer für Ordnung zu sorgen gewusst und ich hatte diese Prinzipien im nutzbaren Teil der Basis beibehalten. Ein Blatt Papier auf dem Fußboden war daher eigentlich ein Ding der Unmöglichkeit.

Verblüfft nahm ich das Blatt an mich, um es an einem sinnvollen Platz, voraussichtlich dem Mülleimer, unterzubringen. Ich hob meinen Blick und erstarrte. Nicht einfach Verblüffung war es, was ich nun empfand, sondern nackte Panik. Wäre ich nicht vor Schreck erstarrt gewesen, ich hätte mit Sicherheit die Flucht ergriffen, denn nun wusste ich mit Sicherheit, was eigentlich unmöglich war. *Es war jemand da!*

So oft war ich schon durch die Raumstation gestreift, ich hatte viele der heilen und einige der teilweise zerstörten Räume untersucht, darunter auch den Raum, der jetzt schräg vor mir lag, ich hatte den

jeweiligen Raum betreten, getan, was immer ich dort wollte, ihn wieder verlassen und anschließend, ich war mir vollkommen sicher, diese Regel nie verletzt zu haben, die Tür geschlossen.
Warum war sie dann jetzt *offen?*

Schließlich streifte ich die Erstarrung ab. Vielleicht war die Tür ja einfach kaputt? Wer wusste schon, was der Angriff, der die Basis halb zerstört hatte, für Spätfolgen haben mochte? Funktionierte der Schließmechanismus überhaupt noch? Dies galt es zunächst herauszufinden. Ich tastete mich langsam an der Wand entlang. Jetzt, wo meine Panik durch den wahrscheinlicheren Gedanken eines Defekts etwas abgeklungen war, kam ich mir dabei beinahe albern vor. Ein Mensch, allein in einer Raumstation, schleicht sich an einen kaputten *Türöffner* an. Eigentlich eine Szene für irgendeine Action-Komödie. Fast schon belustigt strich ich über den Sensor.
Die Tür schloss sich.
Ich betätigte den Sensor abermals. Die Tür öffnete sich wieder.
Auf einmal kehrte der Schrecken wieder zurück. Ich lehnte zitternd an der Wand und versuchte, mein rasendes Herz unter Kontrolle zu bringen. Wer oder

85

was konnte das Wesen sein, dass sich irgendwo in meiner Station versteckt hielt? Was wollte es? Wie würde es sich mir gegenüber verhalten, wenn wir uns irgendwo begegneten? Hatte es mich vielleicht schon im Blick? Ich weiß nicht, wie lange mich diese Fragen lähmten, ich schätze jedoch, dass ich mindestens zehn Minuten lang neben der offenen Tür an der Wand lehnte, bis ich endlich den Mut und die Entschlusskraft aufbrachte, vorsichtig ins Innere des Raums zu spähen. Es war nichts zu sehen. Zentimeter um Zentimeter schob ich meinen Kopf um die Ecke, um alle Winkel des Zimmers einsehen zu können. Es war leer.

Immer noch schwer atmend schob ich mich in das kleine Gelass und sah mir das Inventar genauer an. Die Akten, die zuvor darin gestapelt gewesen waren, lagen über den Boden verstreut. Alle Behältnisse waren geöffnet, ihr Inhalt lag in unordentlichen Haufen herum. Hier hatte jemand etwas gesucht. Oder *unter*sucht. Ich sah mir die Akten genauer an. Nichts Brisantes oder Geheimes. Aufstellungen über Nahrungslieferungen an die Mondstation waren noch das Spannendste, was sich hier finden ließ. Warum hatte jemand diese Akten durchwühlt? Und vor allem: *Wer konnte das gewesen sein?*

Nachdem ich meine Untersuchungen beendet hatte,

beschloss ich, nach meinen Vorräten zu sehen und sie nötigenfalls zu sichern. Ich wollte gerade den Raum verlassen, als draußen ein schleifendes Geräusch erklang. Schnell presste ich mich neben der Tür an die Wand und lugte um die Ecke.

Der Anblick verschlug mir die Sprache.

Die Sonde hatte sich auf sieben Beine erhoben. Sie schlurfte durch den Flur und schwenkte dabei eine Anzahl tentakelartiger Gliedmaßen, die ihr an allen möglichen Stellen aus dem Rumpf sprossen. Einige dieser Auswüchse schienen den Weg zu ertasten, mit anderen hielt die Maschine Dinge, die sie offenbar auf ihrer Wanderschaft durch die Station gefunden hatte und nun ausgiebig betastete. Ohne Notiz von mir zu nehmen bewegte sie sich an mir vorbei und verschwand hinter der nächsten Ecke.

Das war es also. Diese eigenartige Maschine *hatte* die Möglichkeit, sich auf der Planetenoberfläche zu bewegen, und um diese Fähigkeit zu nutzen hatte sie sich natürlich ausgerechnet einen Augenblick ausgesucht, in dem ich sie gerade nicht beobachtet hatte. Die ganze Zeit über, die ich damit verbracht hatte, den Weltraum und die Mondoberfläche nach ihr abzusuchen, war sie hier in der Station gewesen. Sie war mit ihren Untersuchungen außerhalb der

Basis wohl zu einem Ende gelangt, woraufhin sie (oder jemand) beschlossen hatte, dass es Zeit für eine Untersuchung des Basisinneren sei. Die Maschine hatte ihre Beine entfaltet und war in die Station eingedrungen, um...

Moment mal. Wie war sie überhaupt hereingekommen? Die Bedienung der Schleusen konnte man nicht gerade als selbsterklärend bezeichnen, hatte dieses Ding also ein Loch in eine der Wände geschlagen? Mich fröstelte bei dem Gedanken, irgendwo in der Basis eine Tür zu öffnen, um mich auf einmal im luftleeren Raum wiederzufinden. Dann fiel mir ein, dass die Sonde sich in diesem Fall wahrscheinlich bei jeder der zahlreichen Türen auf ähnliche Weise Zugang verschafft hätte. Es gäbe also längst keine heilen Türen und damit keine luftbefüllten Räume mehr. Diese Überlegung machte wieder etwas Mut.

Wenn sie sich jedoch keine Löcher in die Wände geschlagen hatte war mir unklar, wie die Maschine hatte hereinkommen können. Die einzige Möglichkeit – aber das war zu unwahrscheinlich. Sie konnte nicht von selbst gelernt haben...das musste ich nachprüfen!

So schnell ich konnte rannte ich in die Richtung, in die die Maschine verschwunden war. Ich schlitterte *nicht* um die Ecke, da der extra griffige Boden der Mondstation dies nicht erlaubte (Ich muss gestehen, dass ich mir dabei einen spiegelnden Marmorfußboden vorstellte. Auf dem *wäre* ich geschlittert) und blieb an der nächsten Ecke ratlos stehen. Was nun? Wohin hatte sich dieser automatisierte Forscher gewandt?

Ich späte nacheinander in die verschiedenen Flure und ging jeweils ein Stück hinein. Schließlich vernahm ich ein gedämpftes Scharren. Ich folgte dem Geräusch und sah bald darauf das gesuchte Objekt vor mir eine Flurkreuzung überqueren. Ich machte mich an meine Verfolgung. Da die Sonde ein sehr gemütliches Tempo anschlug, konnte ich ihr in normalem Schritttempo folgen. Ich machte mich auf eine längere Beobachtung gefasst.

Völlig zu Recht, kann man sagen. Dieses Ding, das mit Sicherheit mehr Kilometer durchs All geflogen war als ich während meines Mondexils Zentimeter zurückgelegt hatte, schien es, einmal auf einem festen Himmelskörper gelandet, nicht mehr eilig zu haben. In aller Ruhe durchsuchte es Raum um Raum, würdigte jeden einzelnen Gegenstand und jedes Blatt Papier einer eingehenden Untersuchung, um sich danach dem nächsten Gegenstand zuzuwenden. Dabei verdiente der Kamm eines Besatzungsmitglieds die gleiche Aufmerksamkeit wie komplizierte Berechnungen für neue Möglichkeiten in der lunaren Architektur oder eine Apparatur zum Untersuchen der Zusammensetzung des Mondgesteins.

Jedes Mal, wenn die mechanischen Gliedmaßen den grobschlächtigen Körper durch die Tür einer zur Gänze durchsuchten Kammer hindurch auf den Flur wuchteten, war ich voller Hoffnung, endlich zu sehen, was ich zu sehen wünschte, doch ein ums andere Mal wurden meine Hoffnungen enttäuscht.

Schließlich weckte mich ein kräftiges Zittern, das meinen Körper durchlief. Ich rieb mir die Augen und versuchte, mich zu erinnern, welche Umstände mich dazu getrieben hatten, auf dem Flur zu nächtigen. Was war passiert?

Als ich endlich richtig wach wurde, bemerkte ich das große, mechanisch anmutende Bein, das die Sonde eben neben mir abgestellt hatte. Beim nächsten Schritt zitterte der Boden erneut. Jetzt begriff ich, wo ich war. Ich richtete mich auf und suchte Abstand. Ich war mir nicht vollkommen sicher, ob mir mein mechanisches Gegenüber ausweichen würde, sollte ich ihm im Wege liegen.

Ich sah mich nach der Tür des nächsten Zimmers um, das mein seltsamer Mitbewohner durchsuchen würde. Bisher hatte er keine der mittels einfacher Sensoren zu öffnenden Türen ausgelassen, doch in diesem Gang gab es keine weiteren Türen. Die einzige Möglichkeit, hier weiterzukommen, war eines der Schotts, die die einzelnen Module der Station voneinander trennten. Diese Barrieren ließen sich nur mittels eines Zahlencodes öffnen, der an einem Bedienfeld neben dem Schott einzugeben war. Dies war der Augenblick, auf den ich die ganze Nacht gewartet hatte. War die fremde Maschine in der Lage, den Türcode zu entschlüsseln? Einerseits schien es unmöglich, da ich davon ausgehen konnte, dass selbst unsere Zahlen und Technik, beides musste den Erbauern der Sonde vollkommen fremd gewesen sein, ein unüberwindliches Hindernis darstellen würden. Allerdings war es die einzige Erklärung, die ich für das Eindringen der Sonde in die Mondbasis hatte. Wer eines der Schotts öffnen kann, durchschaut auch die Funktionsweise der Schleuse. Ich beobachtete gespannt, was die Maschine unternehmen würde.

Das siebenbeinige und vielarmige Gestell bewegte sich langsam, aber unbeirrt auf die massiven Stahlplatten zu. Erst kurz davor stoppte es und

91

untersuchte das Schott und seine Bedientafel mit einigen Fühlern. Schließlich schob sich ein kleines, kastenförmiges Gerät an einem langen, filigranen Arm aus dem Rumpf der Sonde und blieb vor der Bedientafel stehen. Ein Licht flackerte mehrfach auf, bevor der Kasten sich wieder zurückzog. Nun drückten einige der Gliedmaßen schnell hintereinander eine Anzahl der auf der Bedientafel befindlichen Knöpfe. Das Schott öffnete sich.

Jetzt sitze ich also hier und schreibe diese Zeilen. Ich habe eine steigende Ehrfurcht vor den Erbauern dieser Maschine. Sie untersucht nicht nur scheinbar selbstständig eine Umgebung, von der sie sich vorher mit aller Wahrscheinlichkeit nicht einmal ein ungefähres Bild machen konnte, nein, sie hat es sogar geschafft, den Zahlencode einer Zivilisation zu knacken, deren Zahlensystem sie ebensowenig gekannt haben kann wie ihre Technologie und ihre Arten der Verschlüsselung. Selbst, wenn es sich nicht um eine autonom handelnde, sondern um eine ferngesteuerte Sonde handeln sollte, wäre diese Entschlüsselung ein wahres Meisterstück der Erbauer.

Meinen Nachtschlaf werde ich wohl gleich nach

diesem Eintrag nachholen. Ich habe zwar immer noch Angst, dass die Sonde mich im Bett überrascht und beginnt, mich zu untersuchen, aber zumindest glaube ich nicht mehr, dass sie feindselig sein könnte. Es handelt sich augenscheinlich um ein Forschungsgerät. Ich kann mir nicht vorstellen, dass es mich nachts erdolcht.

Die Raumschiffe sind so gut wie da! Zuerst: Ja, es handelt sich um Raumschiffe, sie sind jetzt durch das Teleskop klar erkennbar und sehen meinem kraft fremder Technik belebten zeitweiligen Mitbewohner in gewisser Weise ähnlich. Ich denke, dass die gleichen Wesen sie erbaut haben. Zweitens: Es sind mehrere, eine ganze Flotte! Daraus schließe ich, dass dies für sie kein Testflug oder Pionierunternehmen ist. Vielmehr ist die interstellare Raumfahrt für sie scheinbar etwas ganz Normales, vielleicht so, wie die Menschen vor dem Krieg mit dem Flugzeug geflogen sind. Sie müssen also, genau wie ich nach Inaugenscheinnahme der Sonde vermutete, technologisch auf einem ziemlich hohen Stand sein, höher, als die Menschen es je waren.

Auch ihren Kurs kann ich nun, da ich sie deutlich erkennen kann, genauer bestimmen. Sie fliegen tatsächlich exakt auf die Erde zu. Ich gehe davon aus, dass sie entweder Kontakt zu den Menschen aufnehmen wollen oder aber mit den ihnen zur Verfügung stehenden Mitteln bereits erkannt haben, dass hier eine große Katastrophe passiert ist und nun helfen wollen. In beiden Fällen stehen meine Chancen nicht schlecht, dass man nach Überlebenden sucht und, sollte ich gefunden werden, nach Überlebensmöglichkeiten für mich sucht. Vielleicht kann ich auf ihrem Planeten überleben, dann könnte ich versuchen, bei ihnen aufgenommen zu werden. Wenn ihre Lebensweise meinen Voraussetzungen nicht entsprechen sollte, kann es immer noch sein, dass sie mir eine künstliche Umgebung schaffen können, in der ich überleben kann. Oder eine Ausrüstung, mit der ich auf ihrem Planeten zurechtkomme. Vielleicht kennen sie auch einen anderen Himmelskörper, dessen Bedingungen mir bekömmlich sind. Oder sie füttern mich einfach hier durch, bis ich...

Ach, ich weiß immer noch nicht, ob ich so ein Leben durchhalte. Die Einsiedelei habe ich nun ein Stückchen weit ausprobiert und finde sie scheußlich. Bis jetzt finde ich den Gedanken an Selbstmord noch scheußlicher, aber vielleicht ändert sich das in ein paar Jahren, Monaten, Wochen...? Auch das Leben bei den Fremden stelle ich mir schwierig vor. Natürlich hätte ich da Gesellschaft, aber ob diese Wesen meiner Vorstellung von „Gesellschaft" entsprechen, ist mehr als fraglich. Ich weiß nichts über ihre Kultur, ihre Art zu leben. Natürlich lässt sich vieles lernen, aber schon auf der Erde war es fast unmöglich, eine neue Kultur von

Grund auf anzunehmen und sich zu Eigen zu machen, wieviel schwieriger wird das dann erst bei einer außerirdischen Lebensweise? Ich weiß wirklich nicht, ob ich mir das zutraue, besonders, da ich kein kleines Kind mehr bin, das das Neue förmlich aufsaugt. Ich muss alles mühsam lernen, bei vielem wird mir das nie gelingen...

Nein, ich weiß, was ich tue. Ich werde auf jeden Fall versuchen, mein Leben irgendwie weiterzuleben. Noch bin ich nicht reif für den Tod und wenn es soweit ist und ich wirklich keine Freude mehr im Leben habe, dann wird die Möglichkeit immer noch da sein.

Zunächst muss ich jedoch noch darauf warten, dass die fremden Schiffe endlich ankommen.

Ich bin gerade aufgewacht und hatte Durst. Auf dem Weg zum nächsten Wasserhahn kam ich am Teleskop vorbei und beschloss, noch einmal nachzuprüfen, wie weit die Raumschiffe inzwischen gekommen sind. Als ich hindurchsah, bekam ich einen Schreck. Sie waren weg! Ich suchte den Himmel ab, versuchte es mit den kleineren Teleskopen im Nebengebäude, aber es blieb dabei, dass ich die Weltraumfahrzeuge nicht mehr entdecken konnte. Schließlich schaltete ich auch die Außenkameras ein. Auf den Monitoren bot sich mir ein beeindruckendes Bild.

Etwa zwanzig Raumschiffe schwebten in einer niedrigen Mondumlaufbahn. Ich hatte keinen Maßstab, um ihre Größe einzuschätzen, da ich die genaue Entfernung nicht kannte und es an den Schiffen nichts gab, dessen Größe ich gekannt hätte und mit dem ich dann die Gesamtgröße hätte vergleichen können, aber mir war auch ohne Zentimeterangaben klar, dass diese Gefährte von außergewöhnlicher Größe sein mussten. Niemals haben die Menschen etwas derart Großes ins All geschossen. Selbst das Raumschiff der Jupiter-Expedition hätte dagegen winzig gewirkt.

Beeindruckende riesige unförmige Gebilde aus mir unbekanntem Material (ich konnte das natürlich aus der Ferne nicht so genau erkennen, aber wahrscheinlich ist es das gleiche Zeug, aus dem auch die Sonde ist) schwebten da also über mir am sternenklaren Mondhimmel. Ein Anblick, den man sonst nur aus dem Kino kennt.

Jetzt sitze ich hier an einem der Panoramafenster und warte darauf, dass sich einer von denen bei mir blicken lässt. Ohne Vergrößerung sieht man die Raumschiffe nur als helle Lichtpunkte am schwarzen Himmel, aber ich weiß ja, was sich dahinter verbirgt – jedenfalls so ungefähr. Eben jetzt gerade löst sich ein helles Licht aus der festgefügten Ordnung. Es bewegt sich in einem Bogen und wird dabei immer größer. Es kommt mir also näher, ziemlich schnell sogar. Vielleicht ist das dieser „erste Kontakt", von dem viele Menschen geträumt haben, das erste Mal, dass eine fremde Intelligenz die Kommunikation mit uns Menschen sucht. Vielleicht ist das meine Rettung...

Hallo, wer auch immer ihr seid,

ich weiß nicht, ob diese Nachricht irgendjemanden erreicht. Wenn ja, dann hoffe ich, dass dieser Jemand von meinem Volk ist und dieses Dokument unserer Regierung übergibt. Dies ist eine Warnung! Die Invasionsflotte hat den Planeten Erde vollkommen zerstört vorgefunden. Hier ist kein Leben mehr möglich. Die vorangehenden Berichte fanden wir in einer kleinen Station auf dem Erdmond, dem einzigen Platz, an dem Lebensformen registriert wurden. Wir beschossen die Station sofort, konnten aber keinerlei Reaktion beobachten. Als schließlich ein Landungstrupp unter meiner Führung die Station betrat, fanden wir nur einen mutmaßlichen Erdbewohner vor, der wahrscheinlich erst bei unserem Angriff umgekommen war. Bei ihm lag ein Manuskript, welches wir in unseren Computer einspeisten um kurz darauf eine Sprachanalyse samt Übersetzung zu erhalten. Ich habe das Dokument vorsichtshalber in Originalsprache belassen, um eine Entschlüsselung zu erschweren, falls die Trägerrakete abgefangen wird. Einen besseren Code kann ich mir nicht wünschen.

Die Niederschriften des Erdbewohners erzählen sehr

eindringlich von den Gründen, aus denen wir hier nichts vorfanden. Von Anfang an war uns klar, dass wir hier nicht mehr die Rohstoffe und den Proviant bekommen konnten, den wir für unseren Rückflug benötigen. Zunächst dachten wir daran, einen Hilferuf auszusenden und gleichzeitig den Heimweg anzutreten, um auf halber Strecke der Rettungsmannschaft zu begegnen. Als ich mit meinem Landungstrupp hier unten war, erreichten uns jedoch beunruhigende Botschaften aus dem Schiff. Die Strahlung, die der Krieg auf der Erde zurückgelassen hat, scheint schwere Schäden an unserer Zellsubstanz hervorzurufen. Innerhalb weniger Minuten war der größte Teil meiner Mannschaft tot. Wir wollten schnell zurückkehren, aber es war zu spät. Ohne den Leitstrahl vom Schiff hätten wir unser Shuttle niemals an Bord steuern können. An Bord des Schiffes aber war niemand mehr, um ihn zu aktivieren.

Außerdem wären wir wohl alle in der verderblichen Strahlung zu Grunde gegangen, bevor wir aus deren Einflussbereich entkommen wären. Die einzige Erklärung, die mir für den Umstand einfällt, dass wir noch leben, ist die, dass wir uns hier auf der der Erde abgewandten Seite des Mondes befinden. Der Erdmond schirmt uns ab.

Wir sind noch zu dritt. Ursprünglich bestand unser Landungstrupp aus fünf Personen, aber zwei von uns haben sich in den ersten drei Tagen hier aus Verzweiflung das Leben genommen. Hoffnung auf Rettung haben wir nicht. Nicht nur die Invasion der Erde, jeder einzelne Aspekt unserer Aufgabe ist fehlgeschlagen, da wir nicht einmal mehr die Möglichkeit haben, von unseren Erkenntnissen zu berichten. Trotz der geringen Wahrscheinlichkeit, dass diese Nachricht jemals ihr Ziel erreicht, werde ich sie mit der Notfallkapsel des Shuttles ins All schießen. Ein letzter, verzweifelter Versuch, den Meinen Bescheid zu geben.

Zum Schluss noch einmal die Warnung: Nehmt *nicht* Kurs auf die Erde! Haltet euch fern vom Sol-System! Jeder aus unserem Volk, der in den Bereich der Strahlung kommt, wird sterben!

Einheit 847-361-967b,
Kommandant der Invasionsflotte „Erde"

Danke

an Lemmy für die Denkanstöße in Zeiten akuter
Gehirntrockenheit,
an Hedi fürs Lesen und Korrigieren,
an Victor für das aufbauende Feedback
zwischendurch und für die vielen Gespräche, die wir
über die Jahre so geführt haben
und für Wiebke, weil sie das eigentlich immer
verdient.

H.G.